매일 쉬운
스토리 한국사

2

조선 후기~현대

교재 내용 문의
교재 내용 문의는 EBS 초등사이트
(primary.ebs.co.kr)의
교재 Q&A 서비스를 활용하시기 바랍니다.

교재 정오표 공지
발행 이후 발견된 정오 사항을
EBS 초등사이트 정오표 코너에서 알려 드립니다.
교과/교재 → 교재 → 교재 선택 → 정오표

교재 정정 신청
공지된 정오 내용 외에 발견된 정오 사항이 있다면
EBS 초등사이트를 통해 알려 주세요.
교과/교재 → 교재 → 교재 선택 → 교재 Q&A

KB198149

매일 쉬운
스토리 한국사 ②
조선 후기~현대

이 책의 **구성과 특징**

이 책은 '스토리 한국사'를 보다 쉽게 이해할 수 있도록 짧고 재미있게 설명하여 만든 책이에요.
매일 4쪽, 가볍게 읽고 술술 문제를 풀다 보면 한국사가 머릿속에 쏘~옥 들어와 있을 거예요.

1 공부한 날

매일 한 주제씩 읽고
문제를 풀며 학습 습관을
길러 보아요.

4 스토리 씽킹

이제 스토리에 대해 생각해 볼까요?
문제를 통해 **스토리 속 중요 개념을**
정리하고 완전한 내 것으로 만들어
보아요.

1일차 조선 후기 제도의 정비

01 정치 제도와 군사 제도는 어떻게 바뀌었을까?

임진왜란과 병자호란 이후 조선은 왕실의 체면을 살리고 궁핍해진 백성들을 위해 여러 가지 제도를 바꿔보기로 했어요.

정치 제도에서는 비변사의 권한이 더욱 강화되었어요. 비변사는 원래 여진족과 왜구의 침입에 대비하여 만들어진 임시 회의 기구였지요. 하지만 임진왜란과 병자호란을 겪으면서 비변사는 가장 힘 있는 기구가 되었어요. 이제 비변사는 군사 문제뿐만 아니라 외교, 살림살이, 관리의 임명 등 나랏일의 거의 대부분을 다루게 되었죠. 그러면서 원래 나랏일을 도맡아하던 기구인 의정부와 6조의 역할이 줄어들게 되었어요.

임진왜란 때 일본군과 전쟁을 치르며 군사 제도에 보완이 필요했어요. 조선은 수도와 그 외곽을 지키는 중앙군에 직업 군인으로 구성된 훈련도감을 설치하였어요. 이후 어영청, 총융청, 수어청, 금위영이 차례로 보강되었죠. 이들 다섯 개의 부대가 이루는 중앙군을 5군영이라고 해요. 그리고 각 지역을 지키는 지방군에는 양반부터 천민까지 모든 신분을 포함한 속오군을 만들었어요. 이들 속오군은 평소에는 모이지 않다가 전투가 벌어지면 동원되었어요.

한편 조선 후기에 어부 안용복은 울릉도와 독도 주변에서 물고기를 잡다가 일본 어부들과 다툼이 생겨 일본에 잡혀갔어요. 하지만 안용복은 울릉도와 독도가 우리 토지임을 당당하게 주장했고, 일본 토지가 아니라는 확인을 받고 돌아왔지요. 이후에도 울릉도와 독도에 일본 어선이 자주 나타나자, 안용복은 한 번 더 일본을 방문해서 울릉도와 독도가 조선 토지임을 밝히고 일본으로부터 사과를 받아 냈어요.

낱말 사전

체면
다른 사람과의 관계에서 떳떳할 만한 입장이나 처지

궁핍
몹시 가난함

보완
모자라거나 부족한 것을 보충하여 완전하게 할

▲ 「비변사등록」 표지
「비변사등록」은 비변사의 업무 내용과 활동을 날짜별로 기록한 책이다.

▲ 훈련도감 터

스토리 씽킹

정답과 해설 144쪽

1 비변사에 대한 설명으로 맞으면 ○표, 틀리면 ×표 하세요.

(1) 원래 여진족과 왜구의 침입에 대비하여 만들어진 임시 회의 기구였다. (   )

(2) 조선 후기 비변사는 군사 문제만을 전문적으로 다루었다. (   )

(3) 비변사의 권한이 강해지면서 의정부와 6조의 역할도 함께 늘어났다. (   )

2 다음 내용의 □ 안에 들어갈 알맞은 말을 쓰세요.

(1) 조선은 수도와 그 외곽을 지키는 중앙군에 직업 군인으로 구성된 □□□□을 설치하였다.

(2) 안용복은 울릉도와 □□ 주변에서 물고기를 잡다가 일본 어부들과 다툼이 생겨 일본에 잡혀갔다.

3 다음은 조선 후기 농민의 대화입니다. 이 두 농민이 속해 있는 군대의 이름을 쓰세요. (   )

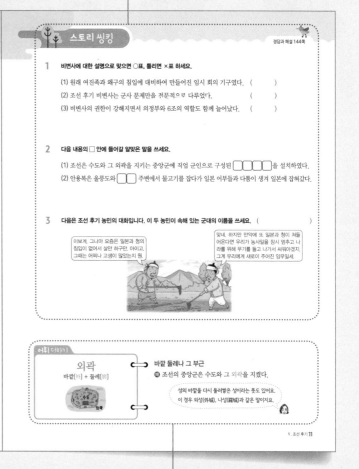

이보게, 그나마 요즘은 일본과 청의 침입이 없어서 살만 하구만. 아이고, 그때는 어찌나 고생이 많았는지 원.

맞네, 하지만 만약에 또 일본과 청이 쳐들어온다면 우리가 농사일을 잠시 멈추고 나라를 위해 무기를 들고 나가서 싸워야겠지. 그게 우리에게 새로이 주어진 임무일세.

어휘 더하기

외곽
바깥[外] + 둘레[郭]

▶ 바깥 둘레나 그 부근
예 조선의 중앙군은 수도와 그 외곽을 지켰다.

성의 바깥을 다시 둘러쌓은 성이라는 뜻도 있어요.
이 경우 외성(外城), 나성(羅城)과 같은 말이지요.

---

2 스토리 한국사

재미있는 이야기를 듣는
것처럼 가벼운 마음으로
스토리를 읽어 보세요.

3 낱말 사전

스토리 속 **어려운 낱말을**
쉽게 설명했어요.

5 어휘 더하기

스토리 속의 어휘를 통해
국어 실력까지 쑥쑥
키워 보아요.

앞으로 공부할 내용을 그림과 연표로 살펴보세요.

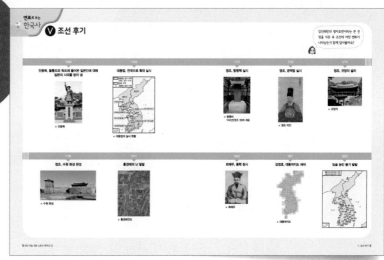

6 실전 문제

다양한 문제를 통해 공부한 내용을 다시 한번 정리해 보세요.

7 어휘 적용하기

'어휘 더하기'의 낱말들로 만들어진 문제를 풀어 보고, **어휘의 의미를** 다시 한번 생각해 보아요.

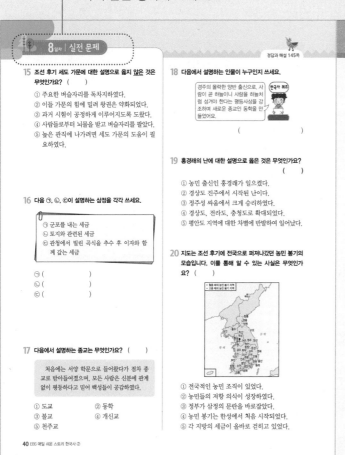

어휘 적용하기   정답과 해설 146쪽

1 비슷한 뜻의 낱말끼리 바르게 묶은 것은 무엇인가요? ( )

㉮ 저항-항거	㉯ 소외-참여	㉰ 회복-복구	㉱ 해방-억압

① ㉮, ㉯   ② ㉮, ㉰   ③ ㉯, ㉰
④ ㉯, ㉱   ⑤ ㉰, ㉱

2 빈칸 ㉠~㉢에 들어갈 알맞은 낱말을 바르게 나열한 것은 무엇인가요? ( )

실학자들 중 정약용은 마을에서 함께 논밭을 갖고 농사를 짓되, 각자가 일을 한 만큼 농작물을 분배할 것을 ㉠ 하였어요.

아쉽게도 실학자들은 붕당 정치에서 밀려나 ㉡ 된 사람들이 많았지.

실학자들은 현실 문제를 해결하기 위한 방법을 찾는 과정에서 우리 ㉢의 문화인 국학에 대한 관심을 갖게 되었어.

	㉠	㉡	㉢			㉠	㉡	㉢
①	소외	제안	고유		②	고유	소외	제안
③	제안	소외	고유		④	제안	고유	소외
⑤	고유	제안	소외					

3 빈칸 ㉠~㉤에 들어갈 알맞은 낱말을 〈보기〉에서 찾아 쓰세요.

보기
수리   실시   외곽   정비   추수

우리 마을 ㉠ 에 있는 저수지에 가 보신 적이 있소? 혹시나 농사에 필요한 비가 덜 내렸을 때 논밭에 필요한 물을 대는 ㉡ 시설이기 때문에, 가을에 ㉢ 을/를 제대로 하기 위해서는 평소에 저수지 관리 조직이 잘 ㉣ 되어 있어야 하오. 그래서 마을 청년들을 모아 한 달에 한 번, 날짜를 정해서 이를 ㉤ 해 보려고 하는데, 그대들의 생각은 어떻소?

이 책의 **차례**

Ⅴ 조선 후기

Ⅵ 개항기

VII 일제 강점기

VIII 대한민국

V

조선 후기

"두 번의 큰 전쟁을 치른 후 조선은 어떻게 변하였을까요?"

왜란과 호란 이후 조선에서는 정치 제도와 군사 제도, 세금 제도를 새로이 고쳐서 경제와 사회에 많은 변화가 나타났어요. 또한 생활에 도움이 되는 학문인 실학과 백성들이 누리는 서민 문화가 발달하였지요. 하지만 일부 가문에서 정치를 주도하는 세도 정치가 시작되면서 백성들의 삶이 힘들어졌어요.

1696

안용복, 울릉도와 독도에 들어온 일본인에 대해
일본의 사과를 받아 냄

▲ 안용복

1708

대동법, 전국으로 확대 실시

대동법 실시 지역
(연도: 실시 시기)
잉류 지역
● 대동청 설치 지역

함경도

평안도

1708년(숙종)
황해도
● 해주
한성
강원도
1623년(인조)
1608년(광해군)
경기도
● 원주
충청도
1651년(효종)
● 공주
경상도
1677년(숙종)
● 전주
● 대구
1658년(효종)
전라도

동해
황해

▲ 대동법의 실시 현황

1796

정조, 수원 화성 완성

▲ 수원 화성

1811

홍경래의 난 발발

▲ 홍경래진도

임진왜란과 병자호란이라는 큰 전쟁을 치른 후 조선에 어떤 변화가 나타났는지 함께 알아볼까요?

1725	1750	1776

영조, 탕평책 실시

▲ 탕평비
1742년(영조 18)에 세움

영조, 균역법 실시

▲ 영조 어진

정조, 규장각 설치

▲ 규장각

1860	1861	1862

최제우, 동학 창시

▲ 최제우

김정호, 대동여지도 제작

▲ 대동여지도

임술 농민 봉기 발발

1일차　조선 후기 제도의 정비

01 정치 제도와 군사 제도는 어떻게 바뀌었을까?

　　임진왜란과 병자호란 이후 조선은 왕실의 체면을 살리고 궁핍해진 백성들을 위해 여러 가지 제도를 바꿔보기로 했어요.

　　정치 제도에서는 비변사의 권한이 더욱 강화되었어요. 비변사는 원래 여진족과 왜구의 침입에 대비하여 만들어진 임시 회의 기구였지요. 하지만 임진왜란과 병자호란을 겪으면서 비변사는 가장 힘 있는 기구가 되었어요. 이제 비변사는 군사 문제뿐만 아니라 외교, 살림살이, 관리의 임명 등 나랏일의 거의 대부분을 다루게 되었죠. 그러면서 원래 나랏일을 도맡아하던 기구인 의정부와 6조의 역할이 줄어들게 되었어요.

　　임진왜란 때 일본군과 전쟁을 치르며 군사 제도에 보완이 필요했어요. 조선은 수도와 그 외곽을 지키는 중앙군에 직업 군인으로 구성된 훈련도감을 설치하였어요. 이후 어영청, 총융청, 수어청, 금위영이 차례로 보강되었죠. 이들 다섯 개의 부대가 이루는 중앙군을 5군영이라고 해요. 그리고 각 지역을 지키는 지방군에는 양반부터 천민까지 모든 신분을 포함한 속오군을 만들었어요. 이들 속오군은 평소에는 모이지 않다가 전투가 벌어지면 동원되었어요.

　　한편 조선 후기에 어부 안용복은 울릉도와 독도 주변에서 물고기를 잡다가 일본 어부들과 다툼이 생겨 일본에 잡혀갔어요. 하지만 안용복은 울릉도와 독도가 우리 토지임을 당당하게 주장했고, 일본 토지가 아니라는 확인을 받고 돌아왔지요. 이후에도 울릉도와 독도에 일본 어선이 자주 나타나자, 안용복은 한 번 더 일본을 방문해서 울릉도와 독도가 조선 토지임을 밝히고 일본으로부터 사과를 받아 냈어요.

낱말 사전

체면
다른 사람과의 관계에서 떳떳할 만한 입장이나 처지

궁핍
몹시 가난함

보완
모자라거나 부족한 것을 보충하여 완전하게 함

▲ 『비변사등록』 표지
『비변사등록』은 비변사의 업무 내용과 활동을 날짜별로 기록한 책이다.

▲ 훈련도감 터였음을 알리는 안내문

스토리 씽킹

1 **비변사에 대한 설명으로 맞으면 ○표, 틀리면 ×표 하세요.**

(1) 원래 여진족과 왜구의 침입에 대비하여 만들어진 임시 회의 기구였다. (　　　)

(2) 조선 후기 비변사는 군사 문제만을 전문적으로 다루었다. (　　　)

(3) 비변사의 권한이 강해지면서 의정부와 6조의 역할도 함께 늘어났다. (　　　)

2 **다음 내용의 □ 안에 들어갈 알맞은 말을 쓰세요.**

(1) 조선은 수도와 그 외곽을 지키는 중앙군에 직업 군인으로 구성된 □□□□을 설치하였다.

(2) 안용복은 울릉도와 □□ 주변에서 물고기를 잡다가 일본 어부들과 다툼이 생겨 일본에 잡혀갔다.

3 **다음은 조선 후기 농민의 대화입니다. 이 두 농민이 속해 있는 군대의 이름을 쓰세요.** (　　　　　　　)

> 이보게, 그나마 요즘은 일본과 청의 침입이 없어서 살만 하구만. 아이고, 그때는 어찌나 고생이 많았는지 원.

> 맞네. 하지만 만약에 또 일본과 청이 쳐들어온다면 우리가 농사일을 잠시 멈추고 나라를 위해 무기를 들고 나가서 싸워야겠지. 그게 우리에게 새로이 주어진 임무일세.

외곽
바깥[外] + 둘레[廓]

바깥 둘레나 그 부근

예 조선의 중앙군은 수도와 그 외곽을 지켰다.

> 성의 바깥을 다시 둘러쌓은 성이라는 뜻도 있어요. 이 경우 외성(外城), 나성(羅城)과 같은 말이지요.

02 영정법, 대동법, 균역법은 무엇일까?

조선은 오랜 전쟁으로 인해 부족해진 국가 재정을 메꾸고 백성의 생활을 안정시키기 위해 세금 제도를 바꾸었어요. 당시의 세금 제도에는 토지에 대한 세금인 '전세', 각 지역의 특산물을 바치는 '공납', 백성들이 직접 노동력을 제공하는 '역' 이렇게 세 가지가 있었어요.

첫 번째, 전세는 그 해 농사의 풍년과 흉년에 관계없이 토지 1결당 쌀 4~6두를 세금으로 거두는 영정법을 실시하였어요. 원래는 농사가 잘 되는 정도 및 풍년과 흉년을 고려하여 세금을 거두었는데, 오랜 전쟁으로 토지가 망가지면서 이런 방식이 곤란해졌기 때문이죠.

두 번째, 공납은 쌀, 옷감, 동전으로 거두는 대동법을 실시하였어요. 백성들이 공납으로 내야 할 특산물을 구하기 어려운 경우에는 다른 지역에 가서 구해 와야 하는 어려움이 있었지요. 그래서 특산물 대신 토지 1결당 쌀 12두를 거두었고, 쌀을 내기 힘든 지역에서는 옷감이나 동전으로 거두기도 했어요. 이렇게 거둔 세금을 나라가 직접 고용한 '공인'이라는 상인들에게 주어 각 지역의 특산물을 사 오도록 했지요.

세 번째, 군역은 요즘으로 보면 국방의 의무예요. 백성들이 농사일 등으로 군대에 가지 못할 경우 1년에 2필씩 옷감으로 군포를 바쳤어요. 하지만 군포를 중복해서 거두어들이거나, 지방 관리들의 착취로 더 거두는 경우도 있어서 백성들에게 큰 부담이었어요. 그래서 백성들이 내는 군포를 2필에서 1필로 줄여 주는 균역법을 실시하였어요. 그러나 정부 입장에서는 군포 수입이 반으로 줄어든 셈이겠죠? 나라에서는 이것을 채우기 위해 토지가 많은 양반들에게 추가로 '결작'이라는 세금을 거두었어요. 그리고 어장과 배, 소금에 대해서도 세금을 거두어들여 부족한 국가 재정을 메꾸었어요. 군포는 농민들에게 주로 부과되어 부담이 컸었는데 이를 줄여 주었고, 농민들 외에도 군역의 부담을 나누어 줌으로써 부담을 고르게 했다는 의미로 균역법이라고 불렀어요.

낱말 사전

재정
국가 또는 공공 단체가 행정 활동이나 공공 정책의 시행에 필요한 재산을 조달하고 관리, 사용하는 일체의 경제 활동

특산물
어떤 지역에서 특별히 생산되어 나오는 물건

군역
군대에 가야 하는 의무

▲ 대동법 실시

▲ 영정법과 균역법 실시

1 영정법에 대한 설명으로 맞으면 ○표, 틀리면 ×표 하세요.

(1) 토지에 대한 세금인 전세와 관련된 법이다. ( )

(2) 그 해 농사의 풍년과 흉년에 따라 다르게 세금을 부과하였다. ( )

(3) 토지 1결당 쌀 4~6두를 거두었다. ( )

2 다음 내용의 □ 안에 들어갈 알맞은 말을 쓰세요.

(1) 대동법은 집집마다 특산물을 바치던 공납을 □, 옷감, 동전으로 내게 하였다.

(2) 정부에서 고용한 □□이라는 상인들은 각 지역의 특산물을 사 왔다.

3 다음 임금과 신하의 대화 중 빈칸 ㉠, ㉡에 들어갈 알맞은 말을 쓰세요.

이제 균역법을 실시하여 백성들의 부담은 반으로 줄여 주었지만, 나라의 재정 상황이 걱정이오. 이에 대한 대책을 마련해 보았소?

예, 전하. 양반들은 토지가 많으니 추가 세금으로 ㉠ 을 거두고, 어장과 배, ㉡ 에 물리는 세금을 나라에서 직접 거두게 된다면 괜찮을 것 같사옵니다.

㉠ ( ) ㉡ ( )

실시
열매, 내용[實] + 행하다[施]

적극적으로 실시하도록 하라.

예, 전하.

어떤 일이나 제도 따위를 실제로 행함

예 공납은 백성들이 가진 토지의 넓이를 기준으로 쌀, 옷감, 동전 등으로 내게 하는 대동법을 실시하였다.

실시와 비슷한 말로는 시행(施行), 실행(實行)이라는 말이 있어요.

2일차 붕당과 탕평책

01 붕당 정치는 어떤 모습이었을까?

붕당 정치에서 '붕당'이란 서로 가까운 사람들끼리 모여서 만든 무리를 말해요. 사림들은 네 차례의 사화를 치른 후 중앙 정치를 이끌게 되었어요. 선조 때에는 출신 지역 및 학문적인 견해가 비슷한 사람들이 모여 '서인'과 '동인'으로 나뉘었어요. 오늘날로 치면 크게 두 개의 정당이 있었다고 할 수 있죠.

이후 동인이 '남인'과 '북인'으로 나뉘었는데, 북인에 속한 사람들은 광해군 때에 정치를 이끌었어요. 하지만 인조반정으로 광해군이 쫓겨나게 되면서 북인들도 함께 정치에서 멀어졌어요. 이후에는 서인과 남인이 정치를 이끌었어요.

서인과 남인은 서로 정치에 대해 의견을 주고받으며 나라를 이끌어 갔어요. 임진왜란과 병자호란을 겪은 이후였기 때문에 서인과 남인은 백성들의 마음을 달래고 나라 살림을 회복하는 데 힘을 모았어요. 이처럼 처음에 붕당 정치는 서로의 존재를 인정하고 좋은 정책을 펼치기 위해 함께 노력하는 모습이었지요.

그런데 시간이 흐르면서 서인과 남인의 사이가 나빠지기 시작했어요. 서로가 가지고 있는 학문적인 입장 차이로 다툼이 시작된 거예요. 효종과 효종의 왕비가 세상을 떠났을 때, 효종의 어머니인 자의 대비가 상복을 입어야 하는 기간에 대해 서로 다툼을 벌였지요.

숙종 때에는 사이가 더욱 나빠졌어요. 어느 한쪽이 정치를 주도하게 되면 상대 붕당을 아예 쫓아내는 일까지 벌어진 거죠. 이러한 상황에서 서인은 다시 '노론'과 '소론'으로 나누어지게 되었어요. 붕당끼리 서로 대립하는 상황이 계속되면서 붕당 정치는 서로가 상대편 당을 인정하지 않는 모습이 되었어요.

낱말 사전

사화
조선 시대 사림 출신의 조정 관리 및 선비들이 반대파인 훈구파에 몰려 탄압을 받은 사건

상복
장례를 치르는 중에 입는 옷

▲ 붕당의 흐름

▲ 영릉(寧陵, 효종과 효종의 왕비 무덤)

1 서인과 남인에 대한 설명으로 맞으면 ○표, 틀리면 ×표 하세요.

(1) 서인과 남인은 처음부터 사이가 좋지 않았다. ( )

(2) 자의 대비가 상복을 입는 기간을 놓고 서인과 남인이 다툼을 벌였다. ( )

(3) 숙종 때 서인과 남인은 다시 서로를 인정하는 쪽으로 회복되었다. ( )

2 다음 내용의 □ 안에 들어갈 알맞은 말을 쓰세요.

(1) □□ 정치는 출신 지역 및 학문적인 의견이 비슷한 사람들이 모여서 만든 무리들이 하는 정치이다.

(2) 인조반정으로 광해군이 쫓겨나게 되면서 □□들도 함께 정치에서 멀어지게 되었다.

3 다음은 붕당 정치를 도표로 나타낸 것입니다. 빈칸 ㉠~㉢에 들어갈 알맞은 말을 쓰세요.

```
                              ┌─ 남인
                 ┌─ 동인 ─────┤
                 │            └─ ㉡
사림 ────────────┤
                 │            ┌─ ㉢
                 └─ ㉠ ──────┤
                              └─ 소론
```

㉠ ( ) ㉡ ( ) ㉢ ( )

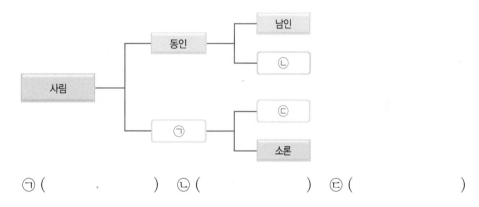

02 영조와 정조의 시대는 어떠했을까?

원래 붕당 정치는 붕당 간에 서로 도와가며 정치를 하였어요. 하지만 상대 붕당의 존재를 인정하지 않으며 서로 대립하는 상황 속에서 영조가 왕이 되었지요. 영조는 각 붕당의 인물들을 골고루 선발하며 붕당 간의 싸움을 말리고, 왕권을 강화하려고 하였어요. 이러한 정책을 '탕평책'이라고 하는데, 탕평이라는 말은 어느 한쪽에 치우치지 않은 공평함을 의미해요.

영조는 탕평책을 실시하면서 왕의 권력을 강화시켜 나갔어요. 또한 백성들의 삶을 안정시키기 위해 군포를 1년에 1필만 내도록 하는 균역법을 실시하였어요.

영조의 뒤를 이어 즉위한 정조는 사도 세자의 아들이자 영조의 손자예요. 정조는 할아버지 영조가 실시하였던 탕평책을 더욱 적극적으로 실시하며 정치를 안정시켰어요.

정조는 젊은 나이에 세상을 떠난 아버지(사도 세자)를 그리워했어요. 그래서 돌아가신 아버지의 무덤을 옮겨오고 옆에 자신의 무덤도 미리 만들어서 죽은 뒤에도 부모님을 곁에서 모시려 하였죠. 이 무덤이 오늘날 경기도 화성시에 있는 융건릉이에요.

그리고 정조는 수원에 화성을 건설하여 자신이 꿈꾸는 정치를 펼치기 위한 중심지로 삼으려고 하였어요. 또한 왕실의 학문 연구 기관이자 도서관인 규장각을 설치하였고, 왕을 호위하는 부대인 장용영을 통해 왕권을 강화하였어요.

낱말 사전

융건릉
사도 세자와 그의 비 혜경궁 홍씨를 합장한 융릉과 그의 아들 정조와 효의왕후를 합장한 건릉을 합쳐 부르는 이름

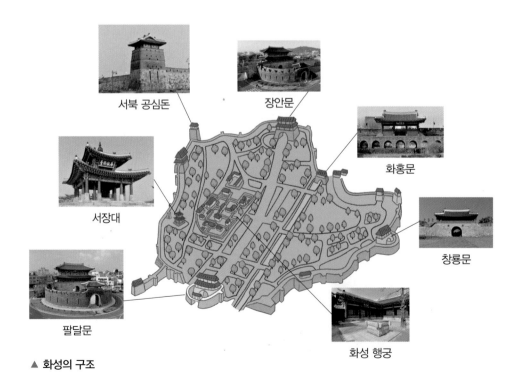

서북 공심돈

장안문

화홍문

서장대

창룡문

팔달문

화성 행궁

▲ 화성의 구조

1 영조에 대한 설명으로 맞으면 ○표, 틀리면 ×표 하세요.

(1) 각 붕당의 인물들을 골고루 선발하였다. ( )

(2) 백성들의 삶을 돌보는 데에도 관심을 기울여 균역법을 실시하였다. ( )

2 다음 내용의 □ 안에 들어갈 알맞은 말을 쓰세요.

(1) 정조는 영조의 손자이자, □□ 세자의 아들이다.

(2) 정조는 수원에 □□을 건설하여 이곳을 자신이 꿈꾸는 정치를 펴기 위한 중심지로 삼으려고 하였다.

(3) 정조는 왕실의 학문 연구 기관이자 도서관인 □□□을 설치하였다.

3 다음 조선 왕릉 배치도를 보고 빈칸 ㉠, ㉡에 들어갈 알맞은 말을 쓰세요.

안녕하세요. □㉠□릉을 방문하신 것을 환영합니다. 이 능은 하나의 입구를 지나 양 옆으로 무덤이 각각 배치된 특이한 구조인데, 무덤을 만든 왕인 □㉡□는 세상을 떠난 후에도 부모님 곁에 묻혀서 부모님을 모시려고 하였죠. 자식으로서의 극진한 효심을 알 수 있답니다.

㉠ ( ) ㉡ ( )

어휘 더하기

즉위
나아가다[即] + 자리[位]

새로운 임금이 왕위에 오름
예 영조의 뒤를 이어 즉위한 임금이 바로 정조이다.

즉위와 비슷한 말로는
등극(登極)이라는 말이 있어요.

3일차 조선 후기 경제 및 사회 변화

01 모내기법은 어떤 변화를 가져왔을까?

벼농사에서 모내기법은 모판에 미리 모를 길렀다가 논에 옮겨 심는 방법이에요. 논에 볍씨를 바로 뿌리는 것에 비해서 잡초를 뽑는 일손이 크게 줄고 벼가 더 잘 자라서 그만큼 많은 쌀을 생산해 낼 수 있는 장점이 있지요. 조선 초기 농민들도 모내기법을 알고 있었지만 하기 어려웠어요. 왜냐하면 논에 물이 채워져 있어야 했는데 만약 가뭄이 들면 논에 물이 부족하여 한 해의 농사를 망칠 수 있기 때문이에요. 이러한 이유로 나라에서는 백성들에게 권하지 않았고 모내기법을 금지해 왔었어요.

그러다가 임진왜란과 병자호란으로 피폐해진 농토와 경제를 되살리기 위해 정부와 백성들은 함께 노력을 기울였지요. 이 과정에서 논밭에 필요한 물을 대는 저수지 등의 수리 시설이 다시 복구되고 그 수가 많아졌어요. 이렇게 가뭄에 대비할 수 있게 되자 모내기법이 전국적으로 널리 퍼지게 되었어요.

모내기를 시작하기 전에 다른 작물을 논에 심어서 기르는 이모작도 가능해졌어요. 또한 모내기법 덕분에 논에서 잡초를 뽑는 데 걸리는 시간이 줄어들게 되자, 농민들은 남은 일손을 다른 농사에 활용할 수 있게 되었어요. 벼농사를 더욱 많이 짓게 되자 쌀이 많이 생산되었고, 시장에 내다 팔 수 있는 인삼, 담배, 목화 등 이른바 '상품 작물'도 재배할 수 있게 되었어요. 이렇게 해서 부유한 농민, 즉 부농이 생겨났어요. 하지만 부농들이 논밭을 늘려 가는 과정에서 이들에게 토지를 잃고 대신 농사를 지어 주거나 집을 떠나 떠도는 가난한 농민, 즉 빈농들도 많이 생겨났어요.

낱말 사전

피폐
삶이나 환경이 쇠락하여짐

잡초
가꾸지 않아도 저절로 나서 자라는 여러 가지 풀. 농작물을 비롯한 다른 식물이 자라는 데 해가 되기도 함

▲ 모내기('경직도' 일부)

정답과 해설 **144**쪽

1 조선 후기의 농업에 대한 설명으로 맞으면 ○표, 틀리면 ×표 하세요.

(1) 수리 시설이 많아지면서 가뭄을 대비할 수 있게 되었다. (   )

(2) 시장에 내다 팔 수 있는 상품 작물은 재배되지 않았다. (   )

2 다음 내용의 □ 안에 들어갈 알맞은 말을 쓰세요.

(1) 모판에 미리 모를 길렀다가 논에 옮겨 심는 방법인 □□□□은 조선 후기에 전국적으로 널리 퍼지게 되었다.

(2) 모내기 전에 다른 작물을 논에 심어서 기르는 □□□이 가능해졌다.

3 다음은 조선 후기 계층에 대한 설명 카드입니다. 빈칸 ㉠, ㉡에 들어갈 알맞은 말을 쓰세요.

부농
• 부유한(富) 농민(農)
• 모내기법으로 덜게 된 일손을 다른 농사에 활용
• 논을 늘려서 더 많은 ┌─㉠─┐을 생산하게 됨

빈농
• ┌─㉡─┐(貧) 농민(農)
• 토지를 잃고 부농 대신 농사를 지어 줌
• 집을 떠나 떠돌기도 함

㉠ (   ) ㉡ (   )

어휘 더하기

수리
물[水] + 이롭다, 편리하다[利]

물을 식수, 관개용, 공업용 등으로 이용하는 일

⃝예 논밭에 필요한 물을 대는 저수지 등의 수리 시설이 다시 복구되고 그 수가 많아지면서 가뭄을 대비할 수 있게 되었다.

고장나거나 허름한 데를 고친다는 뜻의 '수리'는 '修理'라고 써요. 같은 음이지만 다른 뜻이지요.

02 상업과 신분 제도에 나타난 변화는 무엇이었을까?

정부에서 고용한 상인인 '공인'은 대동법이 실시되면서 백성들이 낸 세금을 가지고 전국을 돌면서 각 지역의 특산물을 사들였어요. 왕실과 관청에서 쓸 물품들을 한꺼번에 많이 사들이다 보니 상거래가 많아지면서 상업이 크게 발달하게 되었지요. 사람들이 서로 물건을 사고팔게 되면서 전국에 '장시'라고 부르는 시장이 크게 늘어났어요. 또한 뛰어난 장사 솜씨를 바탕으로 특정한 물건을 다른 나라와의 교역에서 전문적으로 다루는 '대상인'들이 등장하였지요.

물건들의 교류가 시장에서 활발히 이루어지면서 이들 물건을 손수 만드는 수공업과 원재료를 광산에서 캐내는 광업도 함께 발달하게 되었어요. 그동안은 나라에서 수공업과 광업을 통제해 왔었어요. 하지만 조선 후기에는 물건을 만드는 장인이 운영하는 민영 수공업이 발달하게 되었고, 백성들이 광산에서 광물을 캐는 것도 허용되었어요.

한편 붕당 정치에서 밀려난 양반들은 신분만 양반이지 사실은 농민과 거의 다를 바가 없는 처지가 되었어요. 그에 비해 돈을 많이 벌게 된 상민들은 '공명첩'이라는 문서를 사서 양반 신분이 되거나 족보를 위조하기도 했지요. 노비들은 전쟁 때 공을 세웠거나 나라에 곡식을 많이 바쳐서 노비 신분에서 해방되기도 했어요. 또한 아무도 자신을 모르는 곳으로 도망가서 노비가 아닌 척 사는 경우도 많았답니다. 이렇게 조선 후기에는 양반의 수가 크게 늘어났고 상민과 노비의 수는 줄어드는 신분 제도의 변화가 나타났어요.

낱말 사전

고용
품삯을 주고 일을 시킴
위조
어떤 물건을 속일 목적으로 진짜인 것처럼 꾸며서 만듦

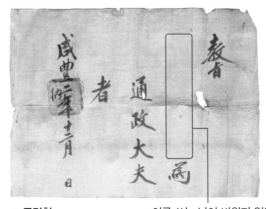

▲ 공명첩   이름 쓰는 난이 비워져 있음

스토리 씽킹

스토리 씽킹

4일차 실학의 등장

01 농업에 관심을 두었던 실학자들의 주장은 무엇일까?

조선을 이끌어가는 데 기본적인 바탕이 되었던 성리학은 인간의 본성과 우주의 원리를 탐구하는 학문으로, 고려 후기에 처음 소개되었어요. 하지만 임진왜란과 병자호란을 겪은 이후 피폐해진 사회와 백성들의 근심 걱정을 해결하는 데 성리학은 큰 도움이 되지 못했어요.

그래서 일부 학자들은 당장 지금의 문제를 해결하는 데 사용할 수 있고, 실제로 결과가 바로 나오는 방법을 공부하기 시작하였어요. 이러한 현실 분위기에서 등장한 학문이 '실학'이고, 학자들을 '실학자'라고 해요.

실학자들 중에는 농업에 관심을 두었던 사람들이 있었어요. 이들은 토지 제도를 바꾸는 것으로 당시 조선이 안고 있던 사회 문제를 해결할 수 있다고 주장했어요. 일부 부유한 사람들이 토지를 많이 가지고 있는 반면 대다수의 농민들은 다른 사람의 토지를 빌려 농사를 지었고, 일부는 고향을 떠나 떠돌기도 했어요. 농업에 관심을 두었던 실학자들은 어떠한 해결책을 제시하였을까요?

유형원은 모든 사람들에게 토지를 주되, 신분에 따라 차등을 두어 토지를 나누어 주자고 주장했어요. 이익은 백성들이 먹고 사는 데 필요한 최소한의 토지는 사고팔 수 없게 해야 한다고 주장했지요. 정약용은 마을마다 함께 논밭을 갖고 농사를 짓되 각자가 일을 한 만큼 농작물을 나누어 가지자고 주장했어요. 농사를 짓는 농민들이 토지를 가지고 있어야 한다는 것은 이들 세 사람의 공통적인 주장이었어요.

낱말 사전

성리학
고려 후기에 들어와 조선의 통치 이념이 되었고, 길재, 정도전, 권근, 김종직에 이어 이이, 이황에 이르러 조선 성리학으로 체계화되었다.

본성
본디부터 가진 성질이나 고유한 특성

탐구
진리, 학문 따위를 파고 들어 깊이 연구함

▲ 농업 중심의 개혁

1 성리학과 실학에 대한 설명을 바르게 연결하세요.

(1) [성리학] ●   ● ㉠ 인간과 우주 모든 것의 본성을 탐구한다.

(2) [실학] ●   ● ㉡ 사회 문제 해결에 도움을 주는 방법을 탐구한다.

2 농업에 관심을 두었던 실학자에 대한 설명으로 맞으면 ○표, 틀리면 ×표 하세요.

(1) 토지 제도를 바꾸자고 주장하였다.   (   )

(2) 유형원, 이익, 정약용은 농업에 관심을 두었던 대표적인 실학자이다. (   )

3 다음 가상 뉴스에서 빈칸 ㉠~㉣에 들어갈 알맞은 말을 쓰세요.

농업에 관심을 두었던 실학자들이 오늘날 조선의 여러 가지 사회 문제를 해결할 수 있는 방법을 찾았다고 합니다. 바로 [㉠] 제도를 바꾸는 것이라고 하는데요, 실학자들의 토론 현장을 찾아가 이야기를 들어 보았습니다.

농민들 모두에게 일정한 차등을 두어 토지를 나누어 주어야 합니다.

백성들이 먹고 사는 데 필요한 [㉢]의 토지는 사고팔 수 없게 해야 합니다.

마을마다 함께 논밭을 갖고 농사를 짓되 각자가 [㉣]을 한 만큼 농작물을 나누어 주도록 해야 합니다.

㉠ (   ) ㉡ (   ) ㉢ (   ) ㉣ (   )

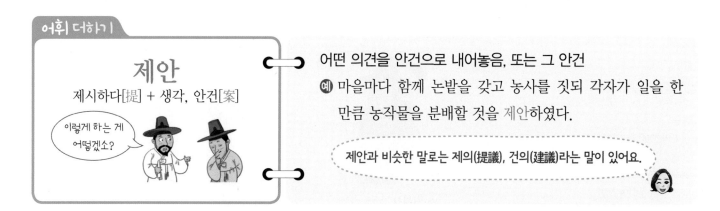

어휘 더하기

제안
제시하다[提] + 생각, 안건[案]

이렇게 하는 게 어떻겠소?

어떤 의견을 안건으로 내어놓음, 또는 그 안건

예 마을마다 함께 논밭을 갖고 농사를 짓되 각자가 일을 한 만큼 농작물을 분배할 것을 제안하였다.

제안과 비슷한 말로는 제의(提議), 건의(建議)라는 말이 있어요.

02 상업과 공업에 관심을 두었던 실학자들의 주장은 무엇일까?

농업에 관심을 두었던 실학자들은 농사일과 토지 제도에 주목했어요. 이에 비해 상업과 공업에 관심을 두었던 실학자들은 당시 조선이 안고 있던 여러 가지 문제점들을 해결하기 위한 방법으로 물건을 사고파는 상업과 물건을 만드는 공업에 관심을 가졌어요.

조선 후기에는 경제 활동이 활발해지고 상업과 공업이 발달했는데, 이러한 상황을 계기로 청의 발달된 문물을 받아들여서 우리의 기술을 더욱 발전시키려고 했어요. 물건들을 더욱 활발하게 유통시킬 수 있는 방법을 찾아내면 나라와 백성이 더욱 잘 살 수 있을 거라고 생각했던 거예요. 청의 문물을 받아들이자고 주장했기 때문에 이들을 '북학파'라고도 불러요.

상업과 공업에 관심을 두었던 실학자들 중 유수원은 모든 직업은 각자 저마다의 의미와 역할이 있기 때문에 중요한 직업이 따로 있는 것이 아니라 평등하다고 주장하였어요. 박제가는 경제 활동을 우물에 비유하였어요. 우물물을 퍼내지 않으면 우물이 말라 버리 듯이, 절약보다는 꾸준한 소비가 있어야 한다고 주장했지요. 박지원은 상업과 공업을 발달시키기 위해서 수레와 배, 화폐를 적극적으로 써야 한다고 주장했어요.

이렇게 실학자들은 당시 조선이 갖고 있던 문제점을 해결하기 위한 여러 가지 방법을 제안했어요. 하지만 아쉽게도 실학자들은 붕당 정치에서 밀려나 소외된 사람들이 많았어요. 그래서 그들의 의견이 실제로 정부의 정책에 반영되기는 어려웠어요.

낱말 사전

문물
문화의 산물

유통
화폐나 물품 따위가 세상에 널리 통하여 쓰임

청과 무역을 해 조선을 부강하게 만들어야 합니다. 화폐(돈)를 많이 만들어 사고파는 데 사용하게 해 상업을 발전시켜야 합니다.

▲ 박제가

청을 오랑캐라고 무시만 할 것이 아니라 좋은 점은 배워야 합니다. 수레를 이용하여 물건을 유통시켜야 합니다.

▲ 박지원

1 상업과 공업에 관심을 두었던 실학자들에 대한 설명으로 맞으면 ○표, 틀리면 ×표 하세요.

(1) 우리의 기술을 더욱 발전시키려고 하였다. (   )

(2) 청의 문물에는 관심이 없었다. (   )

2 다음 내용의 □ 안에 들어갈 알맞은 말을 쓰세요.

(1) 유수원은 모든 직업이 □□하다고 주장하였다.

(2) 박지원은 상업과 공업을 발달시키기 위해 □□와 배, 화폐를 더욱 많이 쓰자고 주장하였다.

3 빈칸에 공통으로 들어갈 단어를 쓰세요. (   )

만약에 저 우물에서 물을 자주 퍼 내지 않는
다면 우물은 말라 버리고 말겠지. 우리의 경
제 활동도 이와 같아. 너무 아끼기만 하고 절
약하는 것이 꼭 좋은 것만은 아니야. 적당한
□□가 이루어져야 물건들이 활발하게 시
장에서 유통될 수 있는 것이지. 사람들에게
꾸준한 □□의 중요성을 알려줄 수 있도록
책을 써야겠어.

어휘 더하기

소외
멀다[疏] + 바깥[外]

어떤 무리에서 기피되어 따돌림을 당하거나 배척됨

예 실학자들은 붕당 정치에서 밀려나 소외된 사람들이 많았다.

소외는 '참여(參與)'의 반대말로 볼 수 있어요.

5일차 조선 후기 문화의 발달

01 국학과 과학 기술의 발달은 어떠했을까?

　　조선 후기 실학자들은 현실 문제를 해결하기 위한 방법을 찾는 과정에서 우리 고유의 문화에 대한 관심을 갖게 되었어요. 이에 따라 우리의 역사, 지리, 언어, 자연 등에 대해서 활발한 연구가 이루어졌는데, 이렇게 우리 고유의 것을 탐구하는 학문을 '국학'이라고 불러요.

　　국학의 발달을 좀 더 구체적으로 살펴볼까요? 안정복은 그동안 중국을 중심으로 역사를 바라보던 관점을 우리 민족의 역사를 바라보는 관점으로 바꾸었어요. 이렇게 나온 책이 『동사강목』이에요. 유득공은 『발해고』라는 책을 써서 발해의 역사를 우리의 역사로 제대로 바라보아야 한다고 주장하였어요.

　　또한 한글에 대한 연구 및 우리 땅에 대한 연구도 활발하게 이루어져서 많은 책들이 나왔어요. 이중환은 『택리지』라는 책에서 전국 각 지역에 대한 상세한 정보를 제공하였어요. 그리고 김정호는 지도를 만드는 데 필요한 지식과 방법들을 모두 모아서 오랜 노력 끝에 우리가 잘 알고 있는 '대동여지도'를 만들어 냈어요.

　　한편 청에 간 조선의 사신들은 베이징에 머물던 서양 선교사들과 교류하게 되었어요. 사신들이 서양의 과학책, 천리경 등의 문물을 가져오면서 서양의 과학 기술이 조선에 소개되었어요. 그에 따라 천체의 움직임을 연구하는 천문학, 시간과 날짜를 계산하는 역법이 사람들 사이에서 활발하게 연구되었어요. 또한 정약용이 개발한 거중기는 도르래의 원리를 이용해서 무거운 돌들을 쉽게 들어 올릴 수 있었지요. 거중기는 수원 화성을 건설하는 데 이용되어 노동력과 시간을 많이 줄여 주었어요. 그리고 사람의 병을 고치는 의학도 허준과 이제마를 통해 더욱 발달하게 되었어요.

낱말 사전

관점
어느 사람이 사물이나 현상을 관찰할 때 보고 생각하는 태도나 방향 또는 처지

천체
지구의 대기권 밖의 우주 공간에 떠 있는 온갖 물체를 통틀어 이르는 말

◀ 대동여지도
우리나라의 산, 강, 길 등이 자세히 표시되었고 다양한 정보를 알기 쉽게 기호로 표현하였다.

▲ 거중기

스토리 씽킹

1 조선 후기 국학의 발달에 대한 설명으로 맞으면 ○표, 틀리면 ×표 하세요.

(1) 우리 언어에 대한 연구가 활발하게 이루어졌다. ( )

(2) 이중환은 전국 각 지역에 대한 상세한 정보를 제공하였다. ( )

(3) 정약용은 오랜 노력 끝에 '대동여지도'를 만들었다. ( )

2 안정복과 유득공의 업적을 바르게 연결하세요.

(1) 안정복 •

(2) 유득공 •

• ㉠ 우리 역사를 연구하여 중국 중심의 역사 관점에서 벗어나고자 하였다.

• ㉡ 발해를 우리의 역사로 제대로 바라보아야 한다고 주장하였다.

3 빈칸 ㉠~㉢에 들어갈 알맞은 말을 쓰세요.

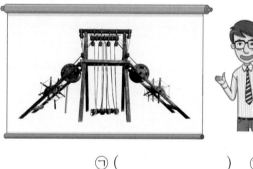

이것은 수원 ㉠ 을 건설할 때 사용되었던 거중기예요. 거중기는 ㉡ 이 발명하였는데, ㉢ 의 원리를 이용해서 무거운 돌들을 거뜬히 들어 올릴 수 있었어요. 그래서 공사에 필요한 사람들의 힘과 시간을 많이 줄여 주었지요.

㉠ ( ) ㉡ ( ) ㉢ ( )

어휘 더하기

고유
오로지[固] + 있다[有]

어느 사물에만 특별히 있거나 본래부터 지니고 있음

예 실학자들은 현실 문제를 해결하기 위한 방법을 찾는 과정에서 우리 고유의 문화에 대한 관심을 갖게 되었다.

비슷한 뜻을 가진 말로 본연(本然), 특유(特有)가 있어요.

02 서민 문화는 어떠했을까?

조선 후기 농업과 상업이 발전하면서 부유해진 일부 백성들은 그동안 어렵게 살면서 누리지 못했던 문화에도 관심을 갖게 되었어요. 문화생활을 자신들도 누릴 수 있음을 알게 된 것이지요. 또한 각 지역의 서당에서 교육이 활발하게 이루어지며 글자를 배운 백성들이 많아져 이들이 문화에 주도적으로 참여하는 서민 문화가 발달하게 되었어요.

주위에서 흔히 볼 수 있는 평범한 사람이 주인공으로 등장하고 쉽게 읽을 수 있는 한글 소설이 유행하였어요. 대표적인 한글 소설로는 『홍길동전』, 『심청전』, 『흥부전』, 『장화홍련전』 등이 있어요. 또한 사설시조는 자유로운 형식의 풀어쓰는 글로 서민들의 감정을 솔직하게 표현하였고, 많은 사람들이 모이는 곳에서 이루어졌던 판소리와 탈춤도 큰 인기를 끌었어요.

조선 후기에는 우리 고유의 문화를 표현하기 위한 다양한 그림이 등장하였어요. 화가 정선은 우리나라의 자연을 있는 그대로 그림에 옮기는 '진경산수화'를 그렸어요. 그리고 김홍도는 백성들이 살아가는 모습을 익살맞고 정감 있게 그렸고, 신윤복은 양반과 부녀자들의 생활을 세련되게 그렸어요. 김홍도와 신윤복이 그린 그림에는 서민들의 생활 모습이 실감 나게 담겨 있기에 '풍속화'라고 불러요. 또한 작가가 알려지지 않은 서민들의 그림, 즉 '민화'도 유행하였어요. 민화에는 나무, 꽃, 동물, 글자 등을 그려서 백성들의 소망을 담았고, 생활 공간을 꾸미는 데 사용하였지요.

낱말 사전

서민
사회적 특권이나 경제적인 부를 많이 누리지 못하는 일반 사람

진경산수화
우리나라에 실재하는 자연 경관을 있는 그대로 묘사하는 데 주력하여 그리는 산수화

▲ 서당도(김홍도)

▲ 단오풍정(신윤복)

▲ 까치와 호랑이 (작자 미상의 민화)

1 조선 후기의 문화에 대한 설명으로 맞으면 ○표, 틀리면 ×표 하세요.

(1) 양반들만이 서민 문화를 즐길 수 있었다. ( )

(2) 우리 고유의 문화를 표현하기 위한 다양한 그림이 등장하였다. ( )

2 다음 내용의 □ 안에 들어갈 알맞은 말을 쓰세요.

(1) 조선 후기에는 누구나 쉽게 읽을 수 있는 □□ 소설이 유행하였다.

(2) 사설시조는 서민들의 □□을 솔직하게 표현하였다.

3 다음 조선 후기 그림 설명에 해당하는 작품을 〈보기〉에서 골라 기호를 쓰세요.

> 보기
>
> ㉠ 계상정거도 ㉡ 까치와 호랑이 ㉢ 서당도
>
>

(1) 우리나라의 자연을 있는 그대로 그렸다. ( )

(2) 사람들의 생활 모습이 실감 나게 담겨 있다. ( )

(3) 다양한 소재로 그림을 그려서 백성들의 소망을 담았다. ( )

어휘 더하기

정감
뜻, 마음의 작용[情]+느끼다[感]

사람의 마음에 호소를 해 오는 듯한 느낌

예 김홍도는 백성들이 살아가는 모습을 익살맞고 정감 있게 그렸다.

> 정감과 비슷한 말로는 정서(情緒)라는 말이 있어요.

6일차 세도 정치

01 세도 정치란 무엇이며 어떻게 진행되었을까?

정조가 세상을 떠나자 세자가 어린 나이에 왕이 되었는데 그가 바로 순조예요. 그동안은 영조와 정조가 강력한 왕의 힘을 바탕으로 탕평책을 추진하였기 때문에 붕당 간의 다툼이 줄어들었어요. 하지만 순조 때 다시 붕당 간의 싸움이 불거지고 말았어요. 특히 딸을 왕실에 왕비로 들여보낸 몇몇 가문이 주요한 벼슬자리를 독차지하고 왕보다 더 강한 정치권력을 마음대로 휘두르는 '세도 정치'가 시작되었어요.

세도 정치는 순조부터 헌종, 철종에 이르기까지 계속되었어요. 당시의 대표적인 세도 가문으로는 안동 김씨 가문과 풍양 조씨 가문이 있었지요. '날아가는 새도 떨어뜨린다.'는 우리 속담은 당시 이들 가문이 갖고 있던 막강한 권력을 빗대어 표현하는 데 사용되었어요. 세도 정치 시기에는 이러한 가문들의 힘에 밀리다 보니 당연히 왕권은 약화될 수밖에 없었어요.

세도 가문은 온갖 부정을 저질렀어요. 사람들에게 뇌물을 받고 벼슬자리를 팔았어요. 전국에서 뇌물을 갖고 세도 가문의 집을 방문한 사람들의 줄이 길게 이어져 있었어요. 이렇게 뇌물을 주고 벼슬을 하게 된 사람들은 재산을 불리고 또 다른 뇌물을 마련하기 위해 더욱 백성들을 못살게 굴었어요.

조선을 이끌어갈 관리를 뽑는 과거 시험은 당연히 공정하게 이루어져야 하지만 당시에는 세도 가문과 연관되어 온갖 부정행위가 이루어졌다고 해요. 세도 가문에 잘 보여야만 높은 관직으로 나아갈 수 있는 세상이었어요. 따라서 아무리 능력이 뛰어난 인재라 하더라도 세도 가문의 눈 밖에 나면 정작 자신의 꿈을 펼치긴 어려웠어요.

낱말 사전

세도
정치상으로 세력을 휘두름, 또는 그 세력

뇌물
사사로이 이용하거나 이권을 얻을 목적으로 일정한 직무에 종사하는 사람을 매수하기 위해 넌지시 주는 부정한 돈이나 물품

▲ 뇌물을 받고 관직을 팔다(매관매직)

1 세도 정치에 대한 설명으로 맞으면 ○표, 틀리면 ×표 하세요.

(1) 순조가 어린 나이에 왕위에 오르면서 몇몇 가문이 정치권력을 마음대로 휘둘렀다.   (   )

(2) 대표적인 세도 가문인 안동 김씨와 풍양 조씨 가문이 권력을 장악하였다.   (   )

2 다음 내용의 □ 안에 들어갈 알맞은 말을 쓰세요.

(1) 붕당 간의 싸움은 영조와 정조의 □□□을 통해서 줄어들었지만, 정조가 세상을 떠나고 순조가 왕위에 오르자 다시 싸움이 시작되었다.

(2) □□ 정치는 순조부터 헌종, 철종에 이르기까지 60여 년 동안 계속되었다.

3 빈칸 ㉠~㉢에 들어갈 알맞은 말을 쓰세요.

세도 정치의 문제점에는 어떤 것이 있었을까요?

몇몇 가문이 나라의 주요한 벼슬자리를 ㉠□□□했어요.

세도 가문이 사람들로부터 ㉡□□을 받고 벼슬자리를 팔았어요.

공정하게 치러져야 하는 과거 시험에 온갖 ㉢□□ □□가 일어났어요.

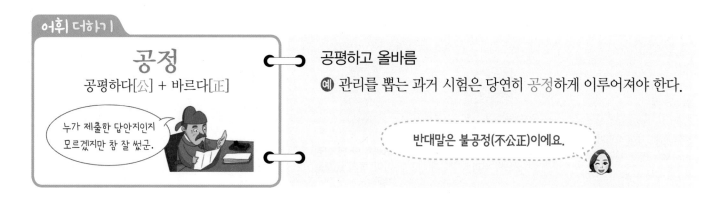

공정
공평하다[公] + 바르다[正]

누가 제출한 답안지인지 모르겠지만 참 잘 썼군.

공평하고 올바름
예 관리를 뽑는 과거 시험은 당연히 공정하게 이루어져야 한다.

반대말은 불공정(不公正)이에요.

02 세금 제도, 삼정의 문란은 어떻게 나타났을까?

세도 정치 시기 조선의 농민들은 나라에 세 가지 세금을 내고 있었어요. 이 세 가지 세금을 '삼정'이라고 해요. 삼정에는 토지와 관련된 세금인 '전정', 군대를 가는 대신 군포를 내는 '군정', 관청에서 봄에 빌린 곡식을 가을에 추수 후 이자와 함께 갚는 '환곡'이 있었어요. 특히 환곡은 세금이 아니었는데 세도 정치 시기에 강제로 거두는 세금이 된 거였어요.

세도 정치로 부정부패가 심해진 관리들은 몰래 빼돌려서 챙긴 농작물을 메꾸기 위한 방법을 찾았어요. 농민들에게 원래 세금으로 내야 할 양보다 더 많은 전정을 내도록 한 거예요.

군정에서는 부족해진 군포를 다른 백성들에게 강제로 떠넘기면서 백성들의 부담은 더욱 커졌어요. 이러한 부담을 견디지 못해 도망간 백성의 군포는 이웃이나 친척이 내게 했지요. 게다가 성인 남자에게만 내게 하는 군포를 어린아이나 이미 죽은 사람이 내도록 하는 일도 벌어졌어요.

또한 환곡을 억지로 백성들에게 받아 가게 한 뒤, 가을에 터무니없이 많은 이자를 붙여서 받아 내었어요. 심지어 아예 환곡을 주지 않고 이자를 받기도 했고, 모래를 섞은 쌀을 환곡으로 빌려준 후 백성들이 나중에 갚을 때는 오로지 쌀로만 내도록 했어요.

이렇게 삼정의 문란이 계속되면서 백성들의 고통은 커져만 가고 있었어요. 정부에서는 암행어사를 보내서 백성들의 어려움을 덜어주려고 했지만 별로 효과가 없었어요.

군정으로 인해 고통받는 백성들

낱말 사전

군포
군대를 가는 대신 받아들이던 베

문란
도덕 질서, 규칙 따위가 지켜지지 않고 뒤죽박죽되어 어지러움

▲ 이웃이나 친척에게 군포를 부과

▲ 16세가 안 된 어린아이 몫의 군포를 부과

▲ 죽은 사람 몫의 군포를 부과

▲ 60세가 넘은 노인의 나이를 낮춰서 군포를 부과

1 삼정에 대한 설명으로 맞으면 ○표, 틀리면 ×표 하세요.

(1) 전정은 논밭의 농작물로 내는 세금이다. ( )

(2) 군정은 군포를 내는 것이다. ( )

(3) 환곡은 관청에서 빌린 곡식을 가을에 추수 후 이자와 함께 갚는 것이다. ( )

2 다음 내용의 □ 안에 들어갈 알맞은 말을 쓰세요.

(1) □□ 남자에게만 내게 하는 군포를 어린 남자아이나 이미 돌아가신 할아버지 몫까지 내도록 하는 일이 벌어졌다.

(2) 삼정의 문란 시기 탐관오리들은 몰래 빼돌린 농작물을 메꾸기 위해 농민들에게 원래 내야 하는 세금보다 더 많은 □□을 바치라고 요구하였다.

3 다음 대화를 보고 빈칸에 해당하는 제도를 쓰세요. ( )

□ 때문에 살 수가 없네. 요즘에는 억지로 곡식을 빌려주고 비싼 이자를 받아 간단 말이야.

세도 정치가 시작되고 더욱 심해졌어. 우리처럼 굶주리는 백성들을 돕기 위한 제도였는데 오히려 괴롭히는군.

어휘 더하기

추수
가을[秋] + 거두다[收]

가을에 익은 곡식을 거두어들임

예 관청에서 봄에 빌린 곡식을 가을에 추수 후 이자와 함께 갚는 환곡이 있었다.

추수를 순 우리말로 '가을걷이'라고 해요.

7일차 조선 후기 백성들의 의식 변화

01 새롭게 등장한 사상과 종교는 무엇일까?

세도 정치와 삼정의 문란으로 인해 조선 후기 백성들의 삶은 매우 힘들었어요. 이렇게 사회가 불안한 가운데 곳곳에서 농민 봉기가 일어났으며, 조선이 무너지고 새로운 세상이 온다는 예언 사상이 백성들 사이에 퍼지고 있었어요. 정씨 가문이 새로운 왕조를 연다는 『정감록』이 대표적이었지요. 또한 미륵불이 다음 세상으로부터 우리를 구하러 온다는 미륵 신앙도 유행하였고, 무당의 굿에 의지하는 사람들도 많았다고 해요.

이 무렵 천주교가 청으로부터 조선에 들어왔어요. 처음에 천주교는 서양의 여러 학문 중 하나로 들어왔는데, 점차 일부 학자들이 천주교를 종교로 받아들이기 시작했어요. 천주교에서는 모든 사람이 신분에 관계없이 평등하다고 믿었어요. 이러한 내용은 당시 신분 차별로 어려움이 많았던 백성들이 공감하게 되어 신도가 늘어났죠. 하지만 조선 정부는 신분 제도를 부정하는 것은 곧 조선의 사회 질서를 파괴한다고 여겨 천주교 신자들을 처형시키는 등의 박해를 하였어요. 그럼에도 불구하고 천주교는 꾸준히 백성들 사이에 퍼져 나갔어요.

이러한 상황에서 경주 출신의 몰락 양반이었던 최제우는 우리나라의 새로운 종교로 '동학'을 만들었어요. 동학은 서양의 종교와 학문에 맞선다는 뜻이에요. 사람이 곧 하늘이므로 사람을 하늘처럼 섬겨야 한다는 평등사상을 강조하였지요. 동학이 백성들에게 빠르게 퍼지자 조선 정부는 세상을 어지럽힌다는 죄로 최제우를 처형하고 동학을 탄압하였어요. 그러나 최제우를 이어받은 최시형이 다시금 동학을 정비한 결과 꾸준히 세력이 커질 수 있었어요.

낱말 사전

신도
어떤 일정한 종교를 믿는 사람

박해
약한 처지의 개인이나 세력을 억누르거나 괴롭혀 해를 끼침

탄압
권력자나 통치자가 개인이나 사회 집단을 무력, 권력 따위로 억지로 눌러 꼼짝 못 하게 함

▲ 많은 천주교 신자들이 희생되었던 절두산 순교 성지

▲ 최제우

1 천주교에 대한 설명으로 맞으면 ○표, 틀리면 ×표 하세요.

(1) 청을 통해 조선에 들어왔다. ( )

(2) 처음부터 종교로 받아들여졌다. ( )

(3) 정부의 탄압에도 불구하고 꾸준히 퍼져 나갔다. ( )

2 조선 후기에 조선 왕조가 무너지고 정씨 가문이 새로운 왕조를 연다는 내용이 적혀 있어 백성들에게 인기를 끌었던 예언서는 무엇인지 쓰세요. ( )

3 다음 인물 검색 결과에서 ㉠, ㉡에 들어갈 알맞은 말을 쓰세요.

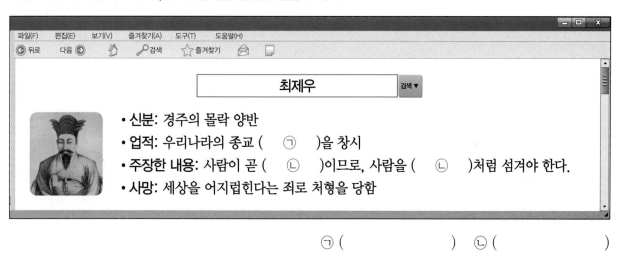

파일(F) 편집(E) 보기(V) 즐겨찾기(A) 도구(T) 도움말(H)

뒤로   다음   🔍검색   ☆즐겨찾기

최제우 [검색 ▼]

• 신분: 경주의 몰락 양반
• 업적: 우리나라의 종교 (㉠)을 창시
• 주장한 내용: 사람이 곧 (㉡)이므로, 사람을 (㉡)처럼 섬겨야 한다.
• 사망: 세상을 어지럽힌다는 죄로 처형을 당함

㉠ ( ) ㉡ ( )

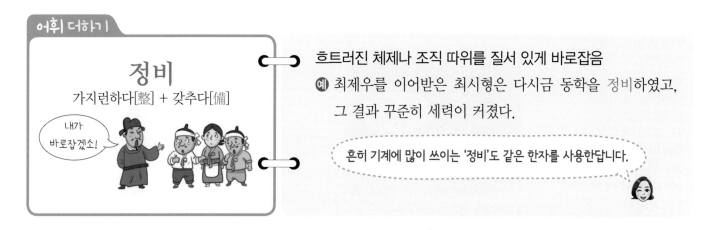

어휘 더하기

정비
가지런하다[整] + 갖추다[備]

내가 바로잡겠소!

흐트러진 체제나 조직 따위를 질서 있게 바로잡음

예 최제우를 이어받은 최시형은 다시금 동학을 정비하였고, 그 결과 꾸준히 세력이 커졌다.

흔히 기계에 많이 쓰이는 '정비'도 같은 한자를 사용한답니다.

02 농민들은 왜 봉기하였을까?

세도 정치와 삼정의 문란을 견디다 못한 많은 농민들은 고향을 떠나 떠돌아다니게 되었어요. 이들 중 일부는 산속으로 들어가 밭을 일구고 숨어 지내기도 했고, 도적 떼에 들어가기도 했지요. 고향을 떠나지 않았던 농민들은 점차 억울한 현실에 저항하기 시작했어요. 관리의 비리를 고발하거나 시위를 하였고, 사람들이 많이 오가는 곳에 글을 써 붙여 싸움에 함께 할 사람들을 모으기도 했지요.

이러한 상황에서 1811년에 봉기가 일어났어요. 평안도에서 몰락한 양반 출신인 홍경래가 주도하여 일으킨 봉기였지요. 당시 평안도 지역 사람들은 오래도록 차별 대우를 받아왔어요. 여기에 다양한 계층의 사람들이 그동안 어려웠던 생활로 인해 쌓였던 분노를 한꺼번에 행동으로 옮겼어요. 이 사건을 '홍경래의 난'이라고 불러요. 홍경래와 난을 일으킨 세력들은 옆 마을로 순식간에 퍼져나가며 정주성을 점령하기도 하였어요. 하지만 정주성에서 조선 정부가 보낸 군대와 전투를 벌이다가 패하고 말았어요.

홍경래의 난은 이후 각 지역에서 벌 떼처럼 일어난 농민 봉기에 많은 영향을 주었어요. 특히 1862년 탐관오리의 수탈에 맞서 경상도 진주에서 시작된 농민 봉기는 경상도 및 전라도, 충청도로 확산되었어요. 1862년이 임술년이기 때문에 이러한 전국적인 농민 봉기를 '임술 농민 봉기'라고 부르고, 진주에서 시작되었기 때문에 '진주 농민 봉기'라고도 해요.

낱말 사전

시위
많은 사람이 공공연하게 의사를 표시하여 집회나 행진을 하며 그 위력을 보이는 일

봉기
벌 떼처럼 떼 지어 세차게 일어남

몰락
재물이나 세력 따위가 쇠하여 보잘것없이 됨. 또는 멸망하여 모조리 없어짐

수탈
재물 따위를 강제로 빼앗음

▲ 차별받는 평안도 지역 사람들

▲ 전국으로 확산되는 농민 봉기

1 조선 후기의 농민들에 대한 설명으로 맞으면 ○표, 틀리면 ×표 하세요.

(1) 세도 정치와 삼정의 문란으로 고향을 떠나 떠돌아다니게 되었다.　(　　　)

(2) 산속으로 들어가 숨어 지내기도 하였다.　　　　　　　　　　　(　　　)

(3) 억울한 현실에 저항하지 않고 참으며 지냈다.　　　　　　　　(　　　)

2 다음 내용의 □ 안에 들어갈 알맞은 말을 쓰세요.

(1) 몰락한 양반이었던 □□□는 다양한 계층의 사람들을 모아 봉기를 일으켰다.

(2) 1862년 경상도 진주에서 시작되어 전국으로 확산된 농민 봉기를 □□□□ 봉기라고 한다.

3 조선 후기에 농민들이 ㉠과 ㉡ 봉기에 참여했던 이유를 각각 쓰세요.

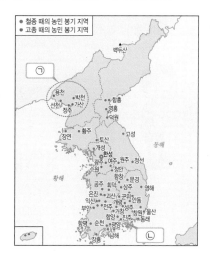

㉠: (　　　　　　) 지역에 대한 차별 대우와 어려운 생활 때문이었다.

㉡: (　　　　　　)의 수탈 때문이었다.

어휘 더하기

저항
거스르다[抵] + 막다[抗]

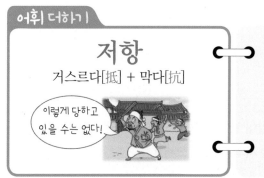
이렇게 당하고 있을 수는 없다!

밖으로부터 가해지는 힘에 굴복하여 따르지 않고 거역하거나 버팀

예 옳지 않은 사회에 대한 농민들의 저항 의식은 더욱 성장하고 있었다.

저항과 비슷한 말로는 항거(抗拒)라는 말이 있어요.

1 여진족과 왜구를 막기 위해 만들었지만 임진왜란과 병자호란 이후 가장 힘이 센 정치 기구가 된 것은 무엇인가요? (   )

① 비변사   ② 수어청
③ 어영청   ④ 총융청
⑤ 훈련도감

2 다음 퀴즈에서 설명하는 인물은 누구인지 쓰세요.

조선 후기에 살았던 어부로, 울릉도와 독도 주변에 일본 어부들이 자주 나타나자 일본에 두 차례 건너가서 울릉도와 독도가 우리 토지임을 밝히고 돌아왔어.

(   )

3 대동법에 대한 설명으로 옳은 것은 무엇인가요?

(   )

① 집집마다 특산물을 거두었다.
② 풍년과 흉년에 따라 달라졌다.
③ 군포를 2필에서 1필로 줄였다.
④ 토지 1결당 쌀 4~6두를 거두었다.
⑤ 특산물 대신 쌀, 옷감, 동전을 거두었다.

4 영조가 붕당 사이의 싸움을 막고 왕권을 강화하기 위해 실시하였던 정책의 이름을 쓰세요.

(   )

5 조선 후기에 나타난 공인의 역할로 옳은 것은 무엇인가요? (   )

① 광산에서 광물을 캐는 것을 감독하였다.
② 논밭에 물을 대는 저수지를 관리하였다.
③ 상품 작물을 재배해서 시장에 내다 팔았다.
④ 전국을 돌며 각 지역의 특산물을 사들였다.
⑤ 다른 나라와의 무역을 전문적으로 다루었다.

6 다음 중 정조의 업적으로 옳은 것은 무엇인가요?

(   )

① 동학을 만들었다.
② 집현전을 강화하였다.
③ 규장각을 설치하였다.
④ 호패 제도를 만들었다.
⑤ 『경국대전』을 만들었다.

7 돈을 많이 번 농민과 상인들이 양반 신분이 되기 위해 샀던 문서의 이름을 쓰세요.

(   )

8 다음 글이 설명하는 학문을 무엇이라 하는지 쓰세요.

> 조선 후기 사회 문제 해결에 도움이 되는 방법을 공부하던 학자들에 의해서 생겨난 새로운 학문이다.

(   )

9 다음과 같이 주장했던 실학자는 누구인가요?

(   )

백성들이 먹고 사는 데 필요한 최소한의 토지는 서로 사고팔 수 없게 하여야 합니다.

① 이익
② 박지원
③ 유형원
④ 정약용
⑤ 홍대용

10 다음 중 실학자들의 주장으로 옳지 <u>않은</u> 것은 무엇인가요? (   )

① 청을 정벌해야 한다.
② 상업과 공업을 발달시켜야 한다.
③ 새로운 농사 기술을 보급해야 한다.
④ 우리의 지리, 역사, 언어 등을 연구해야 한다.
⑤ 토지 제도를 바꿔 농민들의 생활을 안정시켜야 한다.

11 『택리지』라는 책을 지어서 전국 각 지역에 대한 자세한 정보를 제공했던 인물은 누구인가요? (   )

① 허준
② 안정복
③ 유득공
④ 이제마
⑤ 이중환

12 그동안의 지도를 만드는 지식과 방법을 모두 모아서 김정호가 만든 다음 지도의 이름을 쓰세요.

(   )

13 서민 문화 중 백성들의 생활 모습을 실감 나게 표현한 그림은 무엇인가요? (   )

① 민화
② 불화
③ 풍속화
④ 사군자화
⑤ 진경산수화

14 다음 글의 □ 안에 들어갈 알맞은 말을 쓰세요.

> 조선 후기에 딸을 왕실에 왕비로 들여보낸 몇몇 가문이 정치권력을 마음대로 휘두르게 되는, 이른바 □□ 정치가 시작되었다.

(   )

15 조선 후기 세도 가문에 대한 설명으로 옳지 <u>않은</u> 것은 무엇인가요? (   )

① 주요한 벼슬자리를 독차지하였다.
② 이들 가문의 힘에 밀려 왕권은 약화되었다.
③ 과거 시험이 공정하게 이루어지도록 도왔다.
④ 사람들로부터 뇌물을 받고 벼슬자리를 팔았다.
⑤ 높은 관직에 나가려면 세도 가문의 도움이 필요하였다.

16 다음 ㉠, ㉡, ㉢이 설명하는 삼정을 각각 쓰세요.

> ㉠ 군포를 내는 세금
> ㉡ 토지와 관련된 세금
> ㉢ 관청에서 빌린 곡식을 추수 후 이자와 함께 갚는 세금

㉠ (   )
㉡ (   )
㉢ (   )

17 다음에서 설명하는 종교는 무엇인가요? (   )

> 처음에는 서양 학문으로 들어왔다가 점차 종교로 받아들여졌으며, 모든 사람은 신분에 관계없이 평등하다고 믿어 백성들이 공감하였다.

① 도교   ② 동학
③ 불교   ④ 개신교
⑤ 천주교

18 다음에서 설명하는 인물이 누구인지 쓰세요.

> 경주의 몰락한 양반 출신으로, 사람이 곧 하늘이니 사람을 하늘처럼 섬겨야 한다는 평등사상을 강조하며 새로운 종교인 동학을 만들었어요.

(   )

19 홍경래의 난에 대한 설명으로 옳은 것은 무엇인가요?
(   )

① 농민 출신인 홍경래가 일으켰다.
② 경상도 진주에서 시작된 난이다.
③ 정주성 싸움에서 크게 승리하였다.
④ 경상도, 전라도, 충청도로 확대되었다.
⑤ 평안도 지역에 대한 차별에 반발하여 일어났다.

20 지도는 조선 후기에 전국으로 퍼져나갔던 농민 봉기의 모습입니다. 이를 통해 알 수 있는 사실은 무엇인가요? (   )

① 전국적인 농민 조직이 있었다.
② 농민들의 저항 의식이 성장하였다.
③ 정부가 삼정의 문란을 바로잡았다.
④ 농민 봉기는 한성에서 처음 시작되었다.
⑤ 각 지방의 세금이 올바로 걷히고 있었다.

1 비슷한 뜻의 낱말끼리 바르게 묶은 것은 무엇인가요? (   )

| ㉮ 저항－항거 | ㉯ 소외－참여 | ㉰ 회복－복구 | ㉱ 해방－억압 |

① ㉮, ㉯   ② ㉮, ㉰   ③ ㉯, ㉰
④ ㉯, ㉱   ⑤ ㉰, ㉱

2 빈칸 ㉠~㉢에 들어갈 알맞은 낱말을 바르게 나열한 것은 무엇인가요? (   )

실학자들 중 정약용은 마을에서 함께 논밭을 갖고 농사를 짓되, 각자가 일을 한 만큼 농작물을 분배할 것을 ㉠ 하였어.

아쉽게도 실학자들은 붕당 정치에서 밀려나 ㉡ 된 사람들이 많았지.

실학자들은 현실 문제를 해결하기 위한 방법을 찾는 과정에서 우리 ㉢ 의 문화인 국학에 대한 관심을 갖게 되었어.

	㉠	㉡	㉢			㉠	㉡	㉢
①	소외	제안	고유		②	고유	소외	제안
③	제안	소외	고유		④	제안	고유	소외
⑤	고유	제안	소외					

3 빈칸 ㉠~㉤에 들어갈 알맞은 낱말을 〈보기〉에서 찾아 쓰세요.

보기

수리   실시   외곽   정비   추수

우리 마을 ㉠ □□ 에 있는 저수지에 가 보신 적이 있소? 혹시나 농사에 필요한 비가 덜 내렸을 때 논밭에 필요한 물을 대는 ㉡ □□ 시설이기 때문에, 가을에 ㉢ □□ 을/를 제대로 하기 위해서는 평소에 저수지 관리 조직이 잘 ㉣ □□ 되어 있어야 하오. 그래서 마을 청년들을 모아 한 달에 한 번, 날짜를 정해서 이를 ㉤ □□ 해 보려고 하는데, 그대들의 생각은 어떻소?

VI

개항기

"밀려오는 강대국들의 위협과 요구에 조선은 어떻게 대응하였을까요?"

세도 정치를 바로잡고자 노력하였던 흥선 대원군은 조선이 항구를 열기 바라는 일본과 서양 여러 나라들의 요구를 받게 됐어요. 결국 강화도 조약을 시작으로 조선의 문은 열렸고, 조선을 둘러싼 강대국들의 눈치 싸움 속에 임오군란, 갑신정변, 동학 농민 운동이 일어났답니다. 이후 조선은 갑오개혁과 을미개혁을 거치고 나라 이름을 대한 제국으로 바꾸면서 새로운 출발을 꿈꾸었어요.

▲ 강화도 조약의 체결

Ⅵ 개항기

1863	1865	1866

고종 즉위, 흥선 대원군 집권

▲ 흥선 대원군

경복궁 중건 시작

▲ 경복궁 경회루
흥선 대원군 집권 당시에 중건
되었다.

병인양요

▲ 프랑스 군대가 강화도를 침략하는
모습을 그린 그림

1884	1894	1895

갑신정변

▲ 갑신정변의 주역들

동학 농민 운동

▲ 전봉준

을미사변

▲ 명성 황후 조난지 표석

조선이 문을 열고 강대국들과 새로이 조약을 맺던 시기, 어떠한 역사적 사건들이 있었는지 함께 살펴볼까요?

1871	1876	1882

신미양요

▲ 신미양요 때 활약한 어재연 장군의 수자기

강화도 조약 체결

일본 측 대표   조선 측 대표

▲ 강화도 조약의 체결

임오군란

▲ 별기군

1896	1897	1898

아관 파천, 독립 협회 설립

▲ 『독립신문』

대한 제국 선포

▲ 고종 황제

만민 공동회 개최

▲ 관민 공동회

9일차 흥선 대원군과 양요

01 흥선 대원군이 펼친 정책은 무엇일까?

19세기 세도 정치와 삼정의 문란 때문에 전국적으로 농민 봉기가 일어나자 조선 사회는 매우 혼란스러웠어요. 여기에 조선의 배와는 다른 모습을 한 서양의 배들이 자주 바다 근처에 나타났어요. 백성들은 이 낯선 배들을 이상한 모양을 한 배, 즉 '이양선'이라고 부르며 불안해했지요.

이러한 상황에서 고종이 어린 나이에 왕이 되었어요. 그러자 고종의 아버지인 흥선 대원군이 어린 아들을 대신해서 권력을 잡았어요. 흥선 대원군은 세도 정치를 바로잡기 위해서 안동 김씨 세력을 몰아냈고, 세도 정치의 중심이었던 비변사를 없애버렸어요. 또한 관리들이 몰래 빼돌린 토지를 찾아내서 그곳의 세금을 걷고 양반들도 군포를 내게 했어요. 환곡은 마을 사람들이 스스로 마련한 사창에서 관리하는 제도로 바꾸었어요.

한편 각 지역에 설치되어 있던 서원은 원래 학문이 깊고 지혜가 뛰어난 조상들의 제사를 지내고 지방의 인재를 기르기 위한 교육 기관 역할을 하였어요. 하지만 서원이 세금을 면제받고 따로 재산을 쌓는 과정에서 오히려 백성들을 괴롭히는 곳이 되어 버렸어요. 그러자 흥선 대원군은 서원의 대부분을 없애버리고 서원의 토지와 노비들을 몰수하여 나라의 재정을 늘리고 백성들의 부담을 덜어 주었어요.

흥선 대원군에게는 이루고 싶은 꿈이 하나 있었어요. 바로 임진왜란 때 불타버린 경복궁을 다시 지어서 왕실의 권위를 더욱 높이는 것이었죠. 하지만 경복궁을 다시 짓는 과정에서 백성들에게 원납전이라는 기부금을 억지로 거두었고, 당백전을 발행해 물가가 많이 올랐어요. 게다가 공사에 백성들을 동원하고 양반들의 묘지에서 나무를 베어와 경복궁을 짓는 데 쓰니 농민과 양반 모두의 불만을 사게 되었지요. 흥선 대원군은 왕권을 강화하고 백성들의 삶을 안정시키려고 했지만 결국 백성들은 등을 돌리고 말았답니다.

낱말 사전

대원군
임금이 대를 이을 자손이 없어 친척 중 왕위를 이은 임금의 친아버지에게 주던 벼슬

몰수
재산이나 권리 또는 가지고 있는 것을 모조리 빼앗아 거둠

▲ 흥선 대원군

▲ 경복궁 경회루

1 19세기 조선의 상황에 대한 설명으로 맞으면 ○표, 틀리면 ×표 하세요.

(1) 조선의 배와는 모양이 다른 낯선 배가 자주 바다 근처에 나타났다.　(　　　　)

(2) 세도 정치와 삼정의 문란 때문에 전국적으로 농민 봉기가 일어났다.　(　　　　)

2 흥선 대원군의 정책과 관련된 용어를 바르게 연결하세요.

(1) 사창제 ●　　　　　　　● ㉠ 환곡을 마을 창고에서 관리하는 제도로 바꾸었다.

(2) 서원 정리 ●　　　　　　　● ㉡ 대부분을 없애버리고 토지와 노비들을 몰수하였다.

3 빈칸 ㉠~㉢에 들어갈 알맞은 말을 쓰세요.

오늘은 흥선 대원군이 경복궁을 다시 짓기 위해 어떻게 했는지에 대해서 발표해 볼까요?

양반들의 묘지에서 나무를 베어와 경복궁을 다시 짓는 데 썼어요.

흥선 대원군은 경복궁을 다시 지어서 ㉠ 의 권위를 높이려 했어요.

㉢ 이라는 화폐를 발행해 물가도 많이 올랐어요.

공사 비용을 대기 위해서 백성들에게 ㉡ 이라는 기부금을 억지로 걷었어요.

㉠ (　　　　　　　) ㉡ (　　　　　　　) ㉢ (　　　　　　　)

어휘 더하기

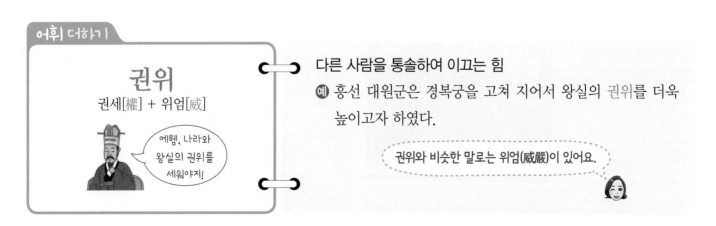

권위
권세[權] + 위엄[威]

에헴, 나라와 왕실의 권위를 세워야지!

다른 사람을 통솔하여 이끄는 힘

예 흥선 대원군은 경복궁을 고쳐 지어서 왕실의 권위를 더욱 높이고자 하였다.

권위와 비슷한 말로는 위엄(威嚴)이 있어요.

02 병인양요와 신미양요는 어떻게 진행되었을까?

흥선 대원군은 남쪽으로 진출하려는 러시아를 막기 위해 비밀리에 프랑스 선교사를 통해 프랑스와 동맹을 맺으려 하였어요. 하지만 뜻대로 되지 않았고, 천주교 신자들을 탄압할 때 프랑스 선교사들도 함께 처형하였어요. 이 사건을 병인박해라고 해요. 이 일로 프랑스는 강화도로 군대를 보내 조선을 침략했어요. 그러자 한성근이 이끄는 부대가 문수산성에서 프랑스군을 막아 냈고, 양헌수의 부대가 정족산성에서 항전했어요. 조선군의 저항에 프랑스군은 후퇴하였는데, 이때 강화도 외규장각에 보관 중이던 조선의 귀중한 도서들을 약탈해 갔어요. 1866년 병인년에 서양 세력이 들어와 벌인 난리라는 뜻으로 이 사건을 '병인양요'라고 불러요.

한편 미국의 제너럴 셔먼호라는 배가 평양 대동강에서 통상을 요구한 적이 있었어요. 그러나 자신들의 요구가 거절당하자 미국 선원들은 평양에서 조선인 관리를 살해하고 백성들의 집을 약탈하였지요. 분노한 평양 사람들은 제너럴 셔먼호를 불태워 침몰시켰어요. 이에 미국은 이 사건을 트집 잡아 조선에 통상을 요구하기 위해 강화도에 군함을 보냈어요. 어재연이 이끄는 수비대가 광성보에서 싸우는 등 조선군의 반격으로 미군은 철수하였어요. 1871년 신미년에 벌어진 난리이기 때문에 '신미양요'라고 불러요.

이렇게 두 차례 외세의 침략을 막아 낸 흥선 대원군은 한양과 전국 각지에 '척화비'를 세워 서양과 교류하지 않겠다는 통상 수교 거부 정책을 강화했어요. 흥선 대원군의 이러한 정책은 서양 세력의 침략을 당분간은 막았지만, 조선의 근대화를 늦추었다는 평가를 받기도 해요.

낱말 사전

양요
조선 후기에 서양 사람들이 일으킨 난리

통상
나라들 사이에서 서로 물품을 사고 팜

침몰
물속에 가라앉음

외세
외국의 세력

▲ 신미양요 때 미군에게 빼앗겼던 어재연 장군의 수자기
깃발에 장수 수(帥) 자가 새겨져 있다.

외세가 침범했는데 싸우지 않는 것은 곧 나라를 팔아먹는 것이다.

▲ 척화비

1 외세의 침략에 대한 설명으로 맞으면 ○표, 틀리면 ×표 하세요.

(1) 병인박해 소식을 듣고 프랑스군이 조선에 침략해 왔다. ( )

(2) 미군이 조선에 침략하자 어재연이 이끄는 수비대가 광성보에서 싸웠다. ( )

2 다음 내용의 □ 안에 들어갈 알맞은 말을 쓰세요.

(1) 강화도에 침입한 프랑스군은 후퇴하면서 □□□□에 보관 중이던 귀중한 문화재를 약탈해 갔다.

(2) 제너럴 셔먼호가 침몰한 것을 구실로 미국은 군함을 이끌고 조선의 □□□를 침략하였다.

3 다음 사진을 보고 물음에 알맞은 답을 쓰세요.

(1) 흥선 대원군이 전국 각지에 세운 이 비석은 무엇입니까? ( )

(2) 이 비석을 세운 까닭은 무엇입니까?

➡ 서양과 ( )하지 않겠다는 것을 널리 알리기 위해서이다.

(3) 이러한 정책이 가져온 장점과 단점을 하나씩 쓰세요.

㉠ 장점: 서양 세력의 침략을 ( )

㉡ 단점: 조선의 ( )가 늦어지게 되었다.

어휘 더하기

척화
물리치다[斥] + 화합하다[和]

우리와 화친합시다.
싫소이다!

화친하자는 논의를 물리침

예 흥선 대원군은 전국 곳곳에 서양과 교류하지 않겠다는 의 지를 알리는 척화비를 세웠어요.

화친(和親)은 나라와 나라가 서로 다툼 없이 가까이 지내는 것을 말해요.

10일차　조선의 개항

01　강화도 조약은 어떻게 맺어졌을까?

병인양요와 신미양요 이후 조선은 외세에 대한 위기의식을 더욱 느끼게 되었어요. 그러나 한편에서는 조선이 개항하여 다른 나라와 교류해야 한다고 주장하는 사람들도 나타나기 시작하였어요. 이들은 북학파 실학자들의 사상을 이어받았고, 청을 드나들며 서양의 문물을 접한 사람들이거나 청과 친한 사람들이었지요.

어느덧 성장한 고종이 직접 정치에 나서게 되면서 흥선 대원군은 물러나게 되었어요. 그러자 그동안 흥선 대원군이 강하게 유지해왔던 통상 수교 거부 정책은 조금씩 느슨해지게 되었어요.

이러한 상황을 눈치 챈 일본은 1875년에 군함인 운요호를 강화도에 보내 대포를 쏘고, 살인과 약탈을 저질렀어요. 그런 후에 일본은 다시 교류를 요구했어요. 예전에 일본이 미국에 항구를 열었던 것도 미국이 최신 무기로 위협했기 때문인데, 일본이 같은 방법을 쓴 거예요. 결국 조선은 일본과 강화도 조약을 맺고 개항하게 되었어요.

▲ 운요호

강화도 조약은 조선이 외국과 맺은 최초의 근대적 조약이에요. 하지만 일본의 강요로 맺었기 때문에 일본에 유리하고 조선은 불평등한 조약이었어요. 일본은 '조선은 자주 국가'라고 조약에 제시하였지만 이것은 조선에 대한 청의 간섭을 막고 조선 침략을 쉽게 하려는 일본의 숨은 뜻이 담겨 있었어요. 또한 일본인의 조선 해안 측량권과 치외 법권이 포함되어 있었어요. 일본은 이후에도 추가 조약을 체결함으로써 조선을 침략할 수 있는 발판을 마련하였어요.

낱말 사전

개항
외국과 통상을 할 수 있게 항구를 개방하여 외국 선박의 출입을 허락함

해안
바다와 맞닿은 부분의 육지

측량
지표상의 위치나 모양 등을 재어 도표나 그림으로 나타냄

치외 법권
외국인이 머무르는 나라의 국내법이 아닌 본국의 법을 적용받는 권리

일본 측 대표　　조선 측 대표

▲ 강화도 조약의 체결

강화도 조약의 내용(일부)

- 조선은 일본에 부산과 그 밖의 항구 두 개를 열기로 약속한다.
- 일본은 조선의 해안을 측량할 수 있다.
- 조선에서 일본 사람이 잘못을 저지르면 일본법에 의해 재판받는다.

1 다음 (   ) 안에 들어갈 알맞은 말을 쓰세요.

> 흥선 대원군이 물러나고 고종이 직접 정치에 나서게 되면서 교류 거부 정책이 느슨해지고, 개항을 바라는 사람들이 나타나기 시작하였다. 이러한 상황에서 일본이 군함인 (   )를 끌고 와 통상을 요구하였다.

2 강화도 조약에 대한 설명으로 맞으면 ○표, 틀리면 ×표 하세요.

(1) 조선과 일본이 평등하게 맺은 조약이었다.   (   )

(2) 조선이 외국과 맺은 최초의 근대적 조약이었다. (   )

3 강화도 조약의 다음 내용을 보고 물음에 답하세요.

> 조선에서 일본 사람이 잘못을 저지르면 일본법에 의해 재판받는다.

(1) 위 조항 내용을 4글자로 무엇이라 하는지 쓰세요. (   )

(2) 위 조항을 보고 알 수 있듯이, 강화도 조약은 일본에만 유리하고 조선에는 매우 불리한 □□□한 조약이었다.

어휘 더하기

근대
가깝다[近] + 시대[代]

중세와 현대 사이의 시대

예 강화도 조약은 조선이 다른 나라와 맺게 된 최초의 근대적 조약이었다.

> 우리나라에서는 보편적으로 1876년의 개항 이후부터 1919년 3·1 운동까지의 시기를 말해요.

02 조선과 다른 나라와의 수교는 어떻게 맺어졌을까?

일본이 조선과 강화도 조약을 맺었다는 소식을 듣고 가장 긴장한 나라는 청이었어요. 위에서는 러시아가, 아래에서는 일본이 조선에 눈독을 들이고 있었으니까요. 조선에 그 어느 나라보다도 큰 영향력을 가지고 있다고 생각했던 청으로서는 일본에 의해 조선의 문이 열린 것이 큰 충격이었어요. 그래서 청은 조선에 대한 우월한 위치를 절대로 놓치고 싶지 않았어요. 자신들을 도와줄 나라를 찾던 청은 미국을 선택하였고 손을 내밀었어요. 조선과 미국의 수교를 청이 직접 도와주기로 한 거예요.

그 결과 조선과 미국 사이에 통상 조약이 맺어졌어요. 이 조약에는 미국산 물건이 조선에 들어올 때 세금을 따로 매긴다는 내용이 들어 있었어요. 일본과 조약을 맺을 때 인정한 치외 법권도 포함되어 있었어요. 그리고 최혜국 대우 또한 인정하였어요. 최혜국 대우란 앞으로 조선이 다른 나라와 조약을 맺게 되면 그 나라에 해당하는 가장 유리한 조항이 이미 조약을 맺은 나라들에도 자동으로 적용되는 것으로 조선에 불리한 내용이었어요.

이후 조선은 영국, 독일, 러시아 등과도 차례로 조약을 맺고 교류를 하게 되었어요. 프랑스와의 수교는 다소 늦게 맺어지게 되었는데, 지난날 병인박해와 병인양요 때 프랑스 사람들이 목숨을 잃기도 하였고, 프랑스가 조선에서 천주교를 탄압하지 않고 인정해 줄 것을 요구하였기 때문이기도 해요. 이렇게 조선은 국제 질서 속에 들어가게 되었지만, 외세 침략의 발판을 내주고 말았어요.

▲ 1982년에 발행한 한미 수교 100주년 기념우표

낱말 사전

눈독
욕심을 내어 눈여겨 보는 기운

1 다음 ( ) 안에 들어갈 알맞은 말을 쓰세요.

> 강화도 조약이 맺어진 이후 위에서는 러시아가, 아래에서는 일본이 조선에 눈독을 들이고 있었기 때문에 가장 긴장한 나라는 바로 ( )이었다.

2 조선과 미국의 수교에 대한 설명으로 맞으면 ○표, 틀리면 ×표 하세요.

(1) 청이 조선에 대한 우월한 위치를 보장받으려 미국과 조선을 연결하였다. ( )

(2) 조선과 미국 사이의 통상 조약에서는 미국에 최혜국 대우를 인정하였다. ( )

3 대화에서 빈칸 ㉠, ㉡에 들어갈 알맞은 말을 쓰세요.

조선이 다른 나라에 비해 프랑스와 늦게 수교한 것은 무엇 때문일까?

㉠ 박해와 ㉠ 양요 때 프랑스 사람들이 목숨을 잃기도 했고, 프랑스가 조선에서 ㉡ 교의 자유를 원했기 때문이야.

㉠ ( ) ㉡ ( )

어휘 더하기

우월
뛰어나다[優] + 넘다[越]

우리 청이 더 우월하다고!

어떤 것이 다른 것보다 훨씬 뛰어남

예 청은 조선에 대한 우월한 위치를 보장받으려고 하였다.

'우월하다'의 반대말은 '열등(劣等)하다'이지요.

11일차 개화 정책에 대한 반응

01 개화 정책과 위정척사 운동은 어떻게 달랐을까?

조선은 강화도 조약을 시작으로 개항하면서 새로운 문물을 받아들이는 개화 정책을 추진하였어요. 이에 대한 일부 사람들의 생각은 개화를 찬성하는 측과 반대하는 측, 이렇게 두 가지 흐름으로 나뉘게 되었어요.

먼저 조선의 젊은 지식인들 중 일부는 '개화파'라는 정치 세력을 만들어 정부의 개화 정책을 뒷받침하면서 도왔어요. 이에 정부는 개화 정책을 전담하는 기구를 만들고, 신식 군대인 '별기군'을 새로 만들었어요. 또한 새로운 문물을 받아들이고 개화에 필요한 기술과 정보를 얻기 위해 여러 나라에 사신들을 보냈어요. 일본에 간 수신사와 조사 시찰단, 청에 간 영선사, 미국에 간 보빙사가 바로 그들이에요.

한편 조선에 대한 서양의 수교 요구가 계속되고 있을 때, 양반들을 중심으로 성리학의 질서를 지키고 다른 나라의 침략을 물리쳐야 한다는 '위정척사' 운동이 전개되었어요. 서양과의 통상과 수교를 반대하던 위정척사 운동은 강화도 조약이 체결될 무렵에는 개항에 반대하는 운동으로 바뀌었어요. 강화도 조약을 맺은 이후에는 정부가 추진하는 개화 정책을 반대하는 운동을 벌였지요.

낱말 사전

개화
다른 나라의 더 발전된 문화와 제도를 받아들여 과거의 생각, 문화와 제도 등을 발전시켜 나가는 것

위정척사
올바른 것(정, 正)을 지키고(위, 衛) 사악한 것(사, 邪)을 물리친다(척, 斥)는 뜻

▲ 수신사 행렬의 모습

절대로 일본과 조약을 맺어서는 안 됩니다!

▲ **위정척사 운동에 앞장섰던 최익현**
강화도 조약을 강요한 일본 사신의 목을 베어야 한다며 광화문 앞에서 도끼를 놓고 상소를 올림

1 개화 정책을 추진하던 시기에 조선 사신들이 파견된 나라를 바르게 연결하세요.

(1) 수신사, 조사 시찰단 ●   ● ㉠   미국

(2) 영선사 ●   ● ㉡   일본

(3) 보빙사 ●   ● ㉢   청

2 위정척사 운동과 관련된 내용을 보고 빈칸 ㉠, ㉡에 들어갈 알맞은 말을 쓰세요.

이양선이 나타나 우리에게 문을 열 것을 요구하고 있소!

➡ 통상과 [㉠]를 반대

일본이 강화도 앞바다에 나타나 대포를 쏘며 조약 체결을 강요하고 있소!

➡ [㉡]을 반대

정부가 우리 고유의 것을 멀리 하고 외국의 것만 받아들이는 개화 정책을 펴고 있소!

➡ 개화 정책에 반대

㉠ (   )   ㉡ (   )

어휘 더하기

수교
닦다[修] + 사귀다[交]

두 나라가 서로 국교를 맺음

예 위정척사 운동을 전개하였던 양반들은 다른 나라와의 수교를 반대하였다.

나라와 나라 사이에 맺는 관계이므로 '국교(國交)'와 같은 뜻이에요.

02 임오군란은 어떻게 일어났을까?

조선 정부가 추진하던 개화 정책을 모든 사람들이 찬성한 것은 아니었어요. 당시 새로 만들어진 신식 군대인 별기군에 비해 구식 군인들은 여러 가지로 차별 대우를 받았어요. 게다가 1년이 넘도록 봉급을 받지 못해서 어렵게 생활하고 있던 도중 드디어 받게 된 쌀에 겨와 모래가 섞여 있는 것을 발견하게 되었지요. 그동안 쌓여왔던 분노가 폭발한 군인들은 반란을 일으켰어요.

정부의 개항 이후 많은 쌀이 일본으로 빠져 나가면서 쌀값이 크게 올라 생활이 어려워졌기 때문이에요. 이들은 개화 정책을 추진하였던 조선 관리들의 집을 공격하고 별기군의 일본인 교관을 살해하였으며 일본 공사관을 습격하였어요. 이 사건이 일어난 해가 1882년 임오년에 벌어진 군인들의 반란이라고 해서 '임오군란'이라고 불러요.

군인들은 흥선 대원군을 찾아가 자신들에 대한 지지를 요청했고, 이를 계기로 다시 권력을 잡은 흥선 대원군은 그동안 정부가 해왔던 개화 정책을 중단시켰어요. 그런데 원래 세력을 잡고 있었던 민씨 세력의 요청으로 조선에 들어온 청군이 반란을 일으킨 군인들을 진압하였어요. 또한 청은 반란의 책임을 물어 흥선 대원군을 청으로 데려갔어요.

이 사건을 계기로 청은 조선에 대해 더욱 많은 간섭을 하게 되었어요. 또한 일본은 일본 공사관을 지킨다는 구실로 조선에 군대를 배치하는 것을 허락받았어요. 이제 청과 일본은 조선에 더욱 깊숙이 들어오게 되었어요.

낱말 사전

겨
벼, 보리, 조 같은 곡식의 낟알을 찧어 벗겨낸 껍질을 통틀어 이르는 말

공사관
외무 공무원의 하나인 공사가 외국에서 사무를 보는 기관. 국제법상 본국의 영토로 인정됨

▲ 별기군

1 다음 ( ) 안에 들어갈 알맞은 말을 쓰세요.

> 조선의 개항 이후 새롭게 만들어진 신식 군대인 ( )에 비해 구식 군인들은 낮은 대우를 받았다.

2 임오군란에 대한 설명으로 맞으면 ○표, 틀리면 ×표 하세요.

(1) 신식 군대와의 차별 대우로 구식 군인들의 분노가 폭발하여 발생하였다. ( )

(2) 이 반란을 계기로 청과 일본의 조선에 대한 간섭이 약화되었다. ( )

3 대화의 빈칸에 공통으로 들어갈 말을 쓰세요. ( )

흥선 대원군이 정치를 할 때는 나라의 문을 닫았는데, 흥선 대원군이 물러난 이후 [ ] 정책이 추진되면서 구식 군인들에 대한 차별 대우가 심해졌기 때문이죠.

선생님! 왜 임오군란 때 구식 군인들은 흥선 대원군을 찾아갔을까요?

아, 그래서 흥선 대원군이 다시 권력을 잡게 되자 [ ] 정책을 중단시켰던 거군요!

어휘 더하기

반란
반대하다[反] + 어지럽히다[亂]

정부나 지도자에 반대하여 내란을 일으킴

예 그동안 쌓여왔던 분노가 폭발한 군인들이 일으킨 반란에 도시의 하층민들도 참여하였다.

> 비슷한 뜻으로 난리(亂離), 난동(亂動)이 있어요.

12 일차 갑신정변

01 갑신정변이 일어나게 된 배경은 무엇일까?

임오군란을 진압한 청의 간섭이 심해지자, 조선의 개화파는 청에 대한 입장과 개화 정책의 추진 방법을 둘러싸고 크게 두 부류의 사람들로 나뉘었어요.

한 쪽은 조선의 전통을 그대로 두면서 서양의 기술만 받아들여 조금씩 천천히 개화를 하자는 사람들이었어요. 청이 서양의 문물을 받아들일 때 중국의 사상과 전통은 유지한 것처럼 말이에요. 그에 비해서 또 다른 한 쪽은 일본이 개화를 추진했던 방법처럼 서양의 기술은 물론이고 각종 제도와 사상도 받아들여서 더욱 적극적으로 개화를 하자는 사람들이었어요.

적극적인 개화를 주장했던 사람들 중에서 김옥균은 조선 정부가 청의 눈치를 보느라 개화 정책을 추진하는 데 속도를 내지 못하는 것을 안타까워했어요. 그래서 김옥균은 일본으로부터 돈을 빌려 와서 이를 바탕으로 자신이 개화 정책에 적극적으로 앞장서겠다고 생각했어요. 하지만 이 계획은 실패하여 일본으로부터 돈을 빌려오지 못했어요. 상황이 이렇게 되다 보니 김옥균과 뜻을 함께 했던 사람들은 체면이 말이 아니었고, 정치적으로도 위기에 몰리게 되었어요.

그래서 김옥균과 뜻을 같이 하던 사람들은 조선에 있던 청군의 일부가 프랑스와의 전쟁 때문에 청으로 돌아간 틈을 노렸어요. 날짜를 정해 개화에 반대하던 사람들을 제거하고 권력을 잡아 자신들이 꿈꾸는 세상을 만들어 보겠다는 계획을 하게 되었어요. 청과 가까이 지내면서 개화에 소극적이었던 민씨 정권을 몰아내는 것을 목표로 하였어요. 일본은 김옥균에게 군사 지원을 약속하였어요. 약속한 날이 점점 다가오고 있었지요.

낱말 사전

부류
동일한 범주에 속하는 대상들을 일정한 기준에 따라 나누어 놓은 갈래

▲ 김홍집
"청과의 관계를 유지하면서 서양의 기술을 받아들이는 개화가 필요합니다."

▲ 김옥균
"청의 간섭을 물리치고 서양의 기술, 사상, 제도까지 받아들여 개화해야 합니다."

1 조선 개화파의 두 가지 주장에 각각 영향을 주었던 나라를 바르게 연결하세요.

(1) 조선의 전통을 그대로 두면서 서양의 기술만 받아들이자! •

(2) 서양의 기술, 사상, 제도까지 적극적으로 받아들이자! •

• ㉠ 청

• ㉡ 일본

2 김옥균에 대한 설명으로 맞으면 ○표, 틀리면 ×표 하세요.

(1) 민씨 정권을 몰아내자는 의견에 반대하였다.　　　　　(　　)

(2) 적극적인 개화 정책을 추진하기 위해 일본에서 돈을 빌려오는 데 성공하였다. (　　)

3 김옥균과 뜻을 같이 하던 사람들이 나눈 대화를 상상한 것입니다. 빈칸 ㉠, ㉡에 들어갈 나라 이름을 쓰세요.

㉠ (　　　　　) ㉡ (　　　　　)

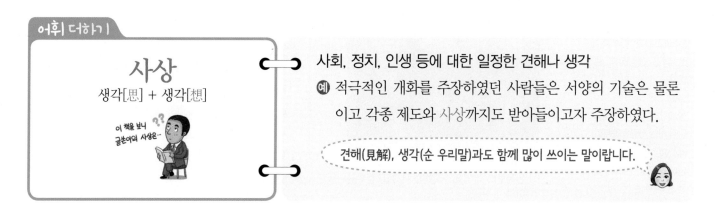

어휘 더하기

사상
생각[思] + 생각[想]

이 책을 보니
글쓴이의 사상은…

사회, 정치, 인생 등에 대한 일정한 견해나 생각

㉰ 적극적인 개화를 주장하였던 사람들은 서양의 기술은 물론이고 각종 제도와 사상까지도 받아들이고자 주장하였다.

견해(見解), 생각(순 우리말)과도 함께 많이 쓰이는 말이랍니다.

02 갑신정변의 전개와 결과는 어떠하였을까?

드디어 계획한 날이 되었어요. 오늘날의 우체국인 우정총국이 새로 생긴 것을 축하하는 잔치 날, 김옥균 일행은 사전에 미리 준비했던 것을 실행에 옮겼어요. 잔치에 참석한 정부의 높은 관리들을 제거하고 새로운 정부를 만든 후에 자신들의 개혁 의지가 담긴 14개 항목의 조항을 발표하였어요. 이 사건은 1884년 갑신년에 벌어

▲ 복원된 우정총국(서울 종로)

진 정치적인 변란이라 하여 '갑신정변'이라고 불러요. 하지만 당시 권력을 잡고 있었던 민씨 세력의 요청으로 청군이 들어와 정변을 일으킨 자들을 진압하면서 결국 3일 만에 실패로 끝나게 되었어요.

이 갑신정변은 근대적인 나라를 세우기 위해 지식인들이 직접 움직였던 최초의 정치 개혁 운동으로 평가받고 있어요. 하지만 김옥균 일행은 백성들로부터 충분한 동의를 얻지 않은 상태에서 일본에 의지하여 먼저 정변을 일으켰어요. 이 때문에 백성들의 응원과 지지를 받지 못했어요. 오히려 개화 정책에 대한 부정적인 생각을 가지게 되고 말았지요.

한편 갑신정변 과정에서 일본 공사관이 불에 탔는데, 일본은 이것을 트집 잡아 조선으로부터 배상금을 얻어냈어요. 그리고 일본은 청과 톈진 조약을 맺어서 조선에서 두 나라 군대가 모두 철수한 뒤, 앞으로 조선에 군대를 보낼 때에는 서로에게 미리 알려주기로 하였지요. 참고로 이 톈진 조약은 훗날 청일 전쟁이 벌어지는 데 결정적인 역할을 하게 돼요.

이렇게 임오군란에 이어 갑신정변까지 진압한 청은 조선에 간섭이 심해졌어요. 조선을 둘러싼 청과 일본 사이의 관계도 점점 나빠지고 있었어요.

낱말 사전

우정총국
우리나라 최초의 우편 업무를 담당했던 관청

개혁
제도나 기구 따위를 새롭게 뜯어고침

정변
반란이나 혁명, 쿠데타 등 비합법적인 수단으로 생긴 정치상의 큰 변동

일행
함께 길을 가거나 뜻을 같이 하는 사람들의 무리

배상금
남에게 입힌 손해에 대해 물어 주는 돈

▲ 갑신정변의 주역들
왼쪽부터 박영효, 서광범, 서재필, 김옥균 이다.

갑신정변의 개혁안(일부)

- 청에 대한 조공 허례를 폐지한다.
- 문벌을 폐지하고, 백성들이 평등한 권리를 갖는 제도를 마련하며, 능력에 따라 관리를 임명한다.
- 세금 제도를 고쳐 관리의 부정을 막고 국가의 살림살이를 튼튼히 한다.
- 부정한 관리를 처벌하고, 백성들이 빚진 쌀을 면제한다.

1 갑신정변의 전개 과정에 대한 설명으로 맞으면 ○표, 틀리면 ×표 하세요.

(1) 우정총국의 개국을 축하하는 잔치가 열리던 날에 일어났다. (   )

(2) 새로운 정부를 구성한 후 14개 항목의 조항을 발표하였다. (   )

(3) 일본 군대가 들어오면서 정변은 3일 만에 실패로 끝났다. (   )

2 다음 내용의 □ 안에 들어갈 알맞은 말을 쓰세요.

(1) 갑신정변은 근대적인 나라를 세우고자 하였던 최초의 □□ 개혁 운동이었다.

(2) 갑신정변을 일으켰던 김옥균 일행은 □□들로부터 충분한 동의를 얻지 못하였다.

3 갑신정변에 대한 청과 일본 정치인의 가상 대화입니다. 빈칸 ㉠, ㉡에 들어갈 알맞은 말을 쓰세요.

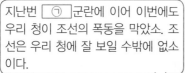

지난번 ㉠ 군란에 이어 이번에도 우리 청이 조선의 폭동을 막았소. 조선은 우리 청에 잘 보일 수밖에 없소이다.

우리는 조선에 있는 우리 ㉡ 이 불에 탔기 때문에 조선으로부터 배상금을 받아냈소. 앞으로 조선에 군대를 보낼 때는 서로에게 미리 알려주기로 합시다.

청   일본

㉠ (   )   ㉡ (   )

어휘 더하기

변란
변하다[變] + 어지럽다[亂]

큰 재앙이나 사고로 세상이 어지러워지는 일

예 갑신정변은 1884년 갑신년에 벌어진 정치적인 변란이라는 뜻이다.

변란과 비슷한 말로 사변(事變)이 있어요.

13일차 동학 농민 운동

01 동학 농민 운동이 일어나게 된 배경은 무엇일까?

강화도 조약이 맺어진 이후 조선은 다른 나라의 선진 문물을 받아들이는 데 많은 돈을 지출했어요. 그러나 정부는 백성들에게 더 많은 세금을 거두어서 나라의 재정을 메꾸려고 하였어요. 이에 농민들의 불만은 계속 쌓여 갔어요. 탐관오리들은 여전히 자신들의 재산을 늘리기 위해 백성들을 수탈하기에 바빴지요. 게다가 개항 이후 조선에 들어온 일본 상인들이 많은 양의 쌀을 일본으로 실어가자 쌀값이 크게 올라서 일본에 대한 농민들의 반감이 커졌어요.

이렇게 어려운 백성들의 삶 속에서 동학이라는 종교는 인간 존중 및 신분 평등을 주장하면서 계속해서 세력을 넓혀가고 있었어요. 동학을 믿는 사람들은 억울하게 처형당한 최제우의 누명을 벗겨줄 것과 동학에 대한 탄압을 중단하라고 집회를 열기 시작했어요. 집회가 거듭되고 참석하는 사람들이 점차 늘어나자 백성들을 괴롭히는 탐관오리의 처벌과 다른 나라의 침탈에 대한 저항까지 주장하게 되었어요.

그러던 중 고부에서 군수 조병갑의 횡포를 견디다 못한 농민들이 동학 농민 운동의 지도자 전봉준을 중심으로 들고 일어나 관아를 습격한 일이 벌어졌어요. 동학 농민군은 나쁜 관리들을 혼내주고 창고의 곡식을 가난한 사람들에게 나누어 주었지요. 하지만 이 사건을 조사하기 위해 정부에서 보낸 안핵사 이용태는 오히려 책임을 농민들에게 돌리고 봉기를 주도한 사람들을 가혹하게 탄압하였어요.

낱말 사전

탐관오리
백성의 재물을 탐내어 빼앗는, 행실이 깨끗하지 못한 관리

집회
여러 사람이 어떤 목적을 위하여 일시적으로 모임. 또는 그런 모임

침탈
남의 영역에 강제로 침범하여 빼앗음

고부
오늘날 전라북도 정읍 지역의 옛 이름

안핵사
조선 후기 지방에서 사건이 발생하였을 때 이의 처리를 위해 파견한 임시 관직

개항 이후 조선의 상황

▲ 각종 배상금 지불

▲ 일본으로 실어 가는 쌀

▲ 탐관오리의 수탈

1 개항 이후 조선의 상황에 대한 설명으로 맞으면 ○표, 틀리면 ×표 하세요.

(1) 다른 나라의 선진 문물을 받아들이는 데 많은 돈을 썼다. (   )

(2) 갑신정변 이후에는 탐관오리들의 횡포가 사라졌다. (   )

(3) 일본 상인들이 조선에서 많은 쌀을 수입해 갔다. (   )

2 다음 (   ) 안에 들어갈 알맞은 말을 쓰세요.

> 동학을 따르는 사람들은 억울하게 처형당한 (   )의 누명을 벗겨줄 것과 동학에 대한 탄압을 중단하라고 집회를 열었다.

3 사건의 순서를 볼 때, (   ) 안에 들어갈 알맞은 내용을 쓰세요.

고부 군수 조병갑의 횡포로 농민들이 매우 힘들어 하고 있었다.

➡

우리는 낡은 관습에 반대하오!

농민들이 전봉준을 중심으로 (   )

➡

지방 관리는 이 사건의 책임을 농민들에게 돌렸다.

어휘 더하기

횡포
방자하다[橫] + 사납다[暴]

제멋대로 굴며 몹시 난폭함

예 고부 군수 조병갑의 횡포를 견디다 못한 농민들은 전봉준을 중심으로 봉기하였다.

'방자하다'는 어려워하거나 삼가는 태도가 없이 무례하고 건방진 것을 의미해요.

02 동학 농민 운동의 전개와 결과는 어떠하였을까?

고부 봉기에 가담한 농민들에 대한 처벌이 이어지자 전봉준을 비롯한 동학 농민군들은 다시 봉기하였어요. 전봉준을 중심으로 한 동학 농민군은 봉기를 진압하러 온 관군과의 전투에서 연이어 승리하여 마침내 전주성을 점령하였지요.

곡창 지대인 전라도를 대표하는 성인 전주성이 동학 농민군의 손에 넘어가자, 당황한 정부는 청에 군대를 보내줄 것을 요청했어요. 그러자 이 소식을 들은 일본은 톈진 조약에 따라 조선으로 군대를 보냈어요. 청과 일본이 우리 땅에서 서로 싸울 것을 염려한 조선 정부는 동학 농민군의 개혁안을 받아들이고 전주성에서 협상을 하였지요. 이 협상을 '전주 화약'이라고 불러요. 협상이 끝나자 흩어진 동학 농민군은 전라도 곳곳에 농민들의 조직인 집강소를 만들었고, 신분제 폐지 등 자신들이 꿈꾸던 개혁을 마을에서 직접 실천해 나갔어요.

동학 농민군이 흩어지자 조선 정부는 청과 일본에 군대를 철수해 줄 것을 요구하였어요. 그러나 일본은 도리어 경복궁을 점령하고 청과 전쟁을 일으켰어요. 이렇게 청일 전쟁이 우리 땅에서 벌어지자 동학 농민군은 일본을 몰아내기 위해 다시 봉기하여 서울로 향하였어요. 하지만 당시 동학 농민군이 상대해야 했던 관군과 일본군은 최신 무기를 갖고 있었고, 화력에서 밀린 동학 농민군은 결국 우금치 전투에서 크게 패하고 말았어요.

결국 전봉준을 비롯한 지도자들이 체포되고 처형됨으로써 동학 농민 운동은 끝이 났어요. 비록 동학 농민 운동은 실패하였지만 그동안의 낡은 관습과 체제에 반대하고 다른 나라의 침탈에 맞섰던 개혁 운동이기도 해요.

낱말 사전

협상
서로 다른 입장 속에 무엇을 타결하기 위해 협의함

화약
서로 화목하게 지내자고 약속함

우금치
현재 충청남도 공주시에 있는 고개

> **전봉준과 동학 농민군의 개혁안(일부)**
>
> • 탐관오리, 못된 양반은 그 죄를 조사해 벌한다.
> • 노비 문서를 소각한다.
> • 정해진 세금 외에 잡다한 세금을 폐지한다.
> • 일본에 협력하는 사람을 엄히 벌한다.

▲ 잡혀가는 전봉준

1 전주 화약에 대한 설명으로 맞으면 ○표, 틀리면 ×표 하세요.

(1) 조선 정부와 동학 농민군 사이에 맺어진 협상이다. ( )

(2) 전주 화약을 맺은 이후 동학 농민군은 해산하였다. ( )

(3) 조선 정부가 전라도 곳곳에 집강소를 만들어 주기 위해 맺은 협상이다. ( )

2 다음 사진에서 ○ 표시된 인물은 동학 농민 운동을 이끌었던 지도자입니다. 이 인물의 이름을 쓰세요.

( )

3 다음 사건을 일어난 순서대로 나열하세요. ( )

(가)	(나)	(다)	(라)
조선 정부와 동학 농민군은 전주 화약을 맺음	동학 농민군, 정부군과 우금치 전투에서 크게 패함	동학 농민군, 일본을 몰아내기 위해 다시 봉기함	전봉준, 체포되어 서울로 끌려감

어휘 더하기

관습
버릇[慣] + 익히다[習]

우리는 낡은 관습에 반대하오!

한 사회에서 역사적으로 굳어진 전통적 행동 양식이나 습관

예 동학 농민 운동은 그동안의 낡은 관습과 체제에 반대하였다.

비슷한 말로는 풍습(風習)이라는 말이 있어요.

14일차 갑오·을미개혁과 을미사변

01 갑오개혁은 어떻게 전개되었을까?

　　동학 농민군의 전주성 점령에 놀란 조선 정부가 청에 군대를 보내주기를 요청하자 텐진 조약에 따라 일본 또한 조선에 군대를 보냈어요. 하지만 전주에서 동학 농민군이 정부와 협상 후 스스로 흩어졌으므로 더 이상 다른 나라의 군대가 조선에 머무를 이유가 없어졌어요. 그런데 그때 일본이 갑자기 조선에 정치 개혁을 요구하였어요. 일본군이 조선에 머무를 수 있는 시간을 끌어보려고 한 것이지만 조선은 당연히 이를 거부했지요.

　　그러자 일본은 경복궁을 점령하고 김홍집을 내세워 정치를 이끌도록 했어요. 김홍집은 근대적인 개혁을 위해 새로이 만들어진 기구의 총재가 되어 개혁을 추진하였어요. 과거제와 신분제가 법적으로 폐지되었고, 일찍 남편을 잃은 부인이 재혼할 수 있게 되는 등 많은 변화가 나타났어요. 이후 고종은 홍범 14조를 발표함으로써 조선이 나아가야 할 근대적인 개혁의 기본 방향을 제시하였어요. 이러한 개혁들이 1894년 갑오년에 이루어졌으므로 '갑오개혁'이라고 해요.

　　한편 청일 전쟁에서 승리한 일본은 그 대가로 청의 랴오둥반도를 받았어요. 그러나 남쪽으로 내려오려고 기회를 엿보고 있던 러시아가 프랑스와 독일을 끌어들여 랴오둥반도를 청에 돌려주도록 압박했고, 일본은 결국 청에 돌려주었어요. 세 나라가 일본을 간섭했으므로 이를 '삼국 간섭'이라고 해요. 이 사건을 계기로 조선은 러시아의 힘을 빌려 일본의 횡포를 막아 보려고 했어요.

낱말 사전

총재
사무를 총괄하여 관리 또는 감독하고 결재하는 자리

홍범 14조
갑오개혁 후 추진된 정치 개혁을 위한 14개의 기본 조항

▲ 갑오개혁의 내용을 이야기하는 모습

1 다음 ( ) 안에 들어갈 알맞은 말을 쓰세요.

동학 농민군이 흩어진 이후 일본은 조선에 군대가 머무를 수 있는 시간을 끌기 위해 정치 (   )을 요구하였다.

2 갑오개혁에 대한 설명으로 맞으면 ○표, 틀리면 ×표 하세요.

(1) 과거제와 신분제가 법적으로 폐지되었다.　　　　　　　　　　　(　　　)

(2) 고종은 홍범 14조를 통해 조선의 개혁 방향을 발표하였다.　　　(　　　)

(3) 청일 전쟁 이후 러시아, 프랑스, 독일이 일본의 횡포를 막으려고 하였다. (　　　)

3 그림을 보고 빈칸에 공통으로 들어갈 지역의 이름을 쓰세요. (　　　　　　　)

자, 이제 우리가 전쟁에서 청을 이겼고, 그 대가로 □□□도 받았으니 대륙으로 갈 수 있는 길이 열렸다!

일본

이봐 일본! 다른 말 말고 □□□를 다시 청에 돌려줘!

프랑스 러시아 독일

쳇, 세 나라가 한꺼번에 위협을 하니 □□□를 다시 돌려줄 수밖에 없겠군.

일본

어휘 더하기

폐지
못 쓰게 되다, 버리다[廢] + 그치다[止]

조선에서 없어져야 할 제도가 또 뭐가 있겠소?

실시하여 오던 제도나 법규 따위를 그만두거나 없앰
예 갑오개혁으로 인해 신분제가 폐지되었다.

같은 뜻이지만 좀 더 어려운 한자어로 철폐(撤廢), 혁파(革罷)가 있어요.

02 을미사변과 을미개혁은 어떻게 일어났을까?

조선은 세력이 커져 가는 일본의 위협을 막아 내기 위해 러시아와 가까이 지내게 되었어요. 조선은 삼국 간섭 이후 일본이 러시아에 꼼짝 못한다고 생각을 했던 거예요. 러시아와 가까운 정치인들을 주요한 벼슬자리에 앉히고 일본을 밀어내는 조선 정부의 정책이 계속되자, 위기감을 느낀 일본은 궁궐로 자객들을 보내 고종의 왕비인 명성 황후를 시해하고 시신을 불태우는 만행을 저질렀어요. 이 사건은 1895년 을미년에 벌어진 일이기 때문에 이를 '을미사변'이라고 해요.

을미사변 이후 일본의 간섭 속에서 김홍집이 이끄는 개혁이 추진되었는데, 이 또한 을미년에 이루어졌으므로 '을미개혁'이라고 불러요. 이 시기 오늘날과 같은 양력 달력을 사용하고, 성인 남성들의 상투를 자르게 하는 단발령이 실시되었어요. 단발령은 많은 백성들의 반발을 샀고 이에 저항하는 의병들이 곳곳에서 일어났어요.

한편 을미사변으로 인해 생명의 위협을 느낀 고종은 궁궐을 떠나 러시아 공사관에 머물며 지내게 되었는데, 이를 '아관 파천'이라고 해요. '아관'은 러시아 공사관을 뜻하고, '파천'은 임금이 지내는 곳을 옮긴다는 뜻이지요.

비록 갑오개혁과 을미개혁은 일본의 간섭 속에서 이루어졌다는 한계가 있지만, 갑신정변과 동학 농민 운동에서 주장했던 신분제 폐지 등의 요구 사항이 반영된 근대적 개혁이었다는 데 의미가 있어요.

낱말 사전

자객
몰래 다른 사람을 죽이는 일을 전문으로 하는 사람

시해
왕이나 왕비 등 윗사람을 죽이는 것

의병
나라가 위급할 때 백성들이 스스로 조직한 군대

조난지
재난이 일어난 곳

▲ 명성 황후 조난지 표석
명성 황후를 시해하였던 경복궁 건청궁 안에 있다.

▲ 옛날 러시아 공사관(서울 중구)

1 다음 (　　) 안에 공통으로 들어갈 나라를 쓰세요.

> 삼국 간섭 이후 조선의 왕실과 가까이 지내게 된 나라는 (　　　　)로, 조선 정부는 (　　　　)를 통해 세력이 커져 가는 일본의 위협을 막아 내고자 하였다.

2 다음 내용의 ☐ 안에 들어갈 알맞은 말을 쓰세요.

(1) 일본이 명성 황후를 시해한 사건을 ☐☐사변이라고 한다.

(2) 을미개혁 이후 성인 남성들의 상투를 자르게 하는 ☐☐령이 실시되었다.

3 다음 대화의 빈칸 ㉠～㉢에 들어갈 알맞은 말을 쓰세요.

> 갑오개혁과 을미개혁을 근대적 개혁이라고 부르는 이유는 무엇일까요?

> 이전의 ㉠ 정변과 ㉡ 운동에서 주장되었던 내용들이 일부 반영되었기 때문이에요.

> 그렇지만 두 개혁 모두 ㉢ 의 간섭 속에서 이루어진 점은 아쉬워요.

㉠ (　　　　　　) ㉡ (　　　　　　) ㉢ (　　　　　　)

어휘 더하기

반영
돌이키다[反] + 비치다[映]

우리의 요구 사항이 반영되었대!

영향을 받아 어떤 현상이 나타남

예 갑신정변과 동학 농민 운동에서 주장했던 신분제 폐지 등의 요구 사항이 갑오개혁에 반영되었다.

> '빛이 반사하여 비침'이라는 뜻도 있답니다.

15일차 독립 협회와 대한 제국

01 독립 협회와 만민 공동회는 어떻게 생겨났을까?

고종이 러시아 공사관으로 피신해 머무는 동안, 러시아와 가까운 조선의 정치인들이 권력을 잡았어요. 그리고 러시아를 비롯한 서양 여러 나라들이 조선에서 자신들의 이익을 챙기려고 하는 상황이 심해졌어요.

이러한 상황에서 서재필은 정부의 지원을 받아 『독립신문』을 만들었고, 개화파 정치인들과 함께 독립 협회를 만들었어요. 서재필은 『독립신문』을 통해 자주 독립 의식을 널리 알리고자 했어요. 그리고 독립 협회에서는 백성들의 독립에 대한 의지를 기르기 위해 독립문을 세웠어요. 독립문을 세운 장소는 청에서 오는 사신을 맞이하던 영은문을 헐어버린 자리 근처였어요. 독립문을 세우기 위한 비용은 백성들의 성금을 모아서 마련했어요. 또한 여러 강연과 토론회 및 연설회를 자주 열어 백성들의 교육에 노력하였어요.

특히 독립 협회가 열었던 만민 공동회는 이름 그대로 다양한 계층의 사람들이 모여 서로의 이야기를 듣고 나누는 자리였어요. 만민 공동회에서는 러시아의 간섭과 이권 요구를 반대하고, 일상생활 속에서 백성들의 자유를 보장받기 위한 목소리를 높였어요. 나중에는 정부의 높은 관리까지 참여하는 관민 공동회도 열었지요.

이렇게 독립 협회가 정치적으로 큰 비중을 차지하게 되자 위기를 느낀 정부 관리들은 독립 협회를 모함하였고, 결국 독립 협회와 만민 공동회는 해산되고 말았어요. 하지만 독립 협회의 정신은 이후 나라의 독립을 위해 생겨났던 다른 여러 단체의 활동으로 이어지게 되었어요.

낱말 사전

의지
어떤 일을 이루려는 적극적인 마음

이권
이익을 얻을 수 있거나 이익이 생기게 하는 권리

모함
나쁜 꾀를 써서 남을 어려움에 빠뜨림

▲ 『독립신문』

▲ 관민 공동회

1 다음 ( ) 안에 들어갈 인물의 이름을 쓰세요.

> 아관 파천 이후 서양 여러 나라들이 조선에서 자신들의 이익을 챙기려고 하는 상황이 심해졌다. 이때 ( )은『독립신문』을 만들고 개화파 정치인들과 함께 독립 협회를 만들었다.

2 독립 협회의 활동에 대한 설명으로 맞으면 ○표, 틀리면 ×표 하세요.

(1) 독립에 대한 의지를 기르기 위해 독립문을 세웠다. ( )

(2) 여러 강연과 토론회, 연설회를 열었다. ( )

(3) 서양 여러 나라들이 조선에서 이권을 빼앗아가는 것에 찬성하였다. ( )

3 다음 그림을 보고 □ 안에 들어갈 알맞은 말을 쓰세요.

> 정부 관리들이 앉아 있는 자리에서 백정 출신 박성춘이 연설하는 모습을 그린 그림이에요. 정부 관리와 백성들이 한 자리에 모여서 이야기를 나누는 □□□□□의 모습이기도 해요.

어휘 더하기

계층
섬돌[階] + 층[層]

○── 사회적 지위와 역할에 따라 구별되는 비슷한 사람들의 부류

> 예 만민 공동회에서는 다양한 계층의 사람들이 모여 서로의 이야기를 듣고 나누었다.

> 계층과 비슷한 말로 부류(部類)가 있지요.

02 대한 제국과 광무개혁은 어떻게 이루어졌을까?

고종의 아관 파천으로 조선에 대한 러시아의 간섭은 날이 갈수록 심해지고 있었어요. 또한 러시아는 고종을 보호하고 있다는 것을 핑계 삼아 조선에서 자신들에게 유리한 이권들을 하나 둘씩 챙기기에 바빴어요. 이와 같은 상황에서 고종이 다시 궁궐로 돌아오기를 바라는 목소리가 커지게 되었어요.

마침내 고종은 1년 만에 경운궁(덕수궁)으로 돌아왔어요. 자주 독립 국가임을 드러내기 위해 나라 이름을 조선에서 '대한 제국'으로 바꾸었고, 환구단에서 황제 즉위식을 거행하여 고종 황제가 되었어요. 이렇게 고종은 달라진 나라의 모습을 세계에 알리고자 했어요. 외세의 침탈에 맞설 수 있는 새로운 변화를 꿈꾼 거예요.

고종은 대한 제국 수립 후 개혁을 추진하였는데, 이때 이루어진 개혁을 대한 제국이 해마다 붙이는 이름인 연호 '광무'를 따서 '광무개혁'이라고 불러요. 대한 제국은 황제가 다스리는 나라라는 것을 분명히 하였고 모든 권한을 황제에게 집중시켰어요. 여러 가지 근대 시설을 마련하고 상공업을 지원하여 많은 회사들이 세워졌어요. 또한 외국에 유학생들을 보내 최신 산업 기술을 배워 오게 하고 학교를 세워 인재를 길렀어요.

하지만 갑오개혁과 을미개혁을 추진하였을 때 일본의 간섭이 있었듯이, 광무개혁의 과정에서도 일본을 비롯한 다른 나라들의 간섭이 있었어요. 또한 개혁이 황제를 중심으로 이루어졌다는 한계가 있어요.

낱말 사전

거행
의식이나 행사를 절차에 따라 치름

권한
사람이나 기관이 보유하여 행사할 수 있는 권리나 권력의 범위

▲ 환구단
고종이 하늘에 제사를 지내고 황제로 즉위했던 곳이다.

▲ 고종 황제

1 대한 제국 수립의 배경에 대한 설명으로 맞으면 ○표, 틀리면 ×표 하세요.

(1) 고종이 러시아 공사관으로 거처를 옮겨 지내고 있었다. (   )

(2) 조선에 대한 러시아의 간섭이 줄어들었다. (   )

(3) 고종은 1년 만에 경운궁으로 돌아왔다. (   )

2 다음 내용의 □ 안에 들어갈 알맞은 말을 쓰세요.

(1) 고종은 □□□에서 황제로 즉위하고 대한 제국을 선포하였다.

(2) 대한 제국이 실시했던 근대적 개혁을 □□개혁이라고 부른다.

3 다음 대화의 빈칸 ㉠~㉣에 들어갈 알맞은 말을 쓰세요.

㉠ (   ) ㉡ (   ) ㉢ (   ) ㉣ (   )

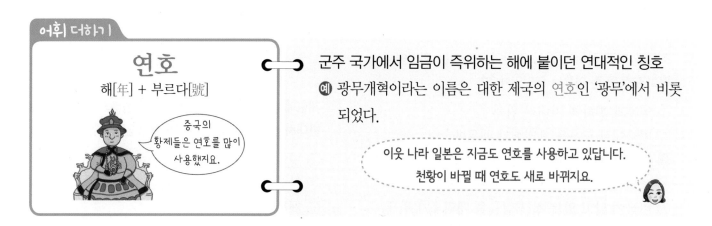

어휘 더하기

연호

해[年] + 부르다[號]

중국의 황제들은 연호를 많이 사용했지요.

군주 국가에서 임금이 즉위하는 해에 붙이던 연대적인 칭호

예 광무개혁이라는 이름은 대한 제국의 연호인 '광무'에서 비롯되었다.

이웃 나라 일본은 지금도 연호를 사용하고 있답니다.
천황이 바뀔 때 연호도 새로 바뀌지요.

16일차 | 실전 문제

1 흥선 대원군의 개혁 내용이 <u>아닌</u> 것은 무엇인가요?
( )

① 서원의 대부분을 없애버렸다.
② 안동 김씨 세력을 몰아내었다.
③ 비변사에 더 많은 지원을 하였다.
④ 양반들에게도 군포를 내게 하였다.
⑤ 환곡을 사창에서 관리하도록 바꾸었다.

2 다음에서 설명하는 인물은 누구인가요? ( )

역사 인물 카드

• 이름: ○○○
• 활동: 제너럴 셔먼호 사건을 트집 잡아 침략해 온 미국 군대를 강화도 광성보에서 막아 냄

'수' 자 깃발

① 서재필   ② 양헌수
③ 어재연   ④ 최익현
⑤ 박지원

3 조선과 미국 사이에 통상 조약이 맺어지는 과정에서 청이 도움을 준 이유는 무엇인가요? ( )

① 일본과 친하게 지내기 위해
② 미국에서 도움을 요청했기 때문에
③ 러시아와 함께 미국을 견제하기 위해
④ 조선에 대한 우월한 위치를 보장받기 위해
⑤ 미국에 살고 있는 청 사람들을 데려오기 위해

4-5 다음 자료를 보고 물음에 답하세요.

> ㉠ 조선은 일본에 부산과 그 밖의 항구 두 개를 열기로 약속한다.
> ㉡ 일본은 조선의 해안을 측량할 수 있다.
> ㉢ 조선에서 일본 사람이 잘못을 저지르면 일본법에 의해 재판받는다.

4 위 조약은 조선이 다른 나라와 맺게 된 최초의 근대적인 조약입니다. 이 조약의 이름을 쓰세요.

( )

5 ㉠~㉢ 중 '치외 법권'에 해당하는 내용은 무엇인지 그 기호를 쓰세요. ( )

6 다음에서 설명하는 밑줄 친 '정치 세력'을 무엇이라 부르는지 쓰세요. ( )

> 조선의 개항 이후 정부의 개화 정책을 뒷받침하기 위해 젊은 지식인들이 만든 <u>정치 세력</u>이다.

7 개항에 반대하던 위정척사 운동이 정부의 개화 정책에 반대하는 쪽으로 바뀐 계기는 무엇인가요? ( )

① 병인양요   ② 신미양요
③ 한성 조약   ④ 강화도 조약
⑤ 제물포 조약

8 임오군란을 진압한 이후 반란의 책임을 물어 흥선 대원군을 붙잡아간 나라는 어디인지 쓰세요.

(   )

9 다음 검색창에 입력한 인물은 누구인지 쓰세요.

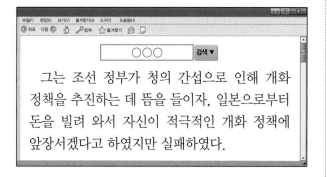

(   )

10 갑신정변에 대한 설명으로 옳은 것은 무엇인가요?

(   )

① 백성들이 중심이 된 개혁이었다.
② 우정총국이 문을 닫는 날에 일어났다.
③ 러시아의 지원을 받기로 약속되어 있었다.
④ 백성들이 개화에 긍정적인 생각을 갖게 하였다.
⑤ 청군이 들어오면서 3일 만에 실패로 끝났다.

11 다음에서 설명하는 인물은 누구인가요? (   )

- 이름: ○○○
- 활동: 고부에서 군수 조병갑의 횡포에 맞서 농민들을 모아 관아를 습격하였고, 이후 동학 농민 운동을 이끎

① 김홍집   ② 정약용
③ 유형원   ④ 박제가
⑤ 전봉준

12 조선 정부가 동학 농민군과 화약을 맺은 지역은 어디인가요? (   )

① 경주   ② 나주
③ 상주   ④ 원주
⑤ 전주

13 해산하였던 동학 농민군이 다시 봉기하여 서울로 향하게 된 원인이 되었던 사건은 무엇인가요? (   )

① 병인양요   ② 신미양요
③ 러일 전쟁   ④ 청일 전쟁
⑤ 나당 전쟁

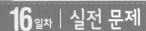

14 다음과 같은 변화가 나타났던 개혁은 무엇인지 쓰세요.

> • 과거제가 없어졌다.
> • 신분제가 법적으로 폐지되었다.
> • 일찍 남편을 잃은 부인들이 재혼할 수 있게 되었다.

( )

15 다음 퀴즈에서 설명하는 (가) 사건은 무엇인가요?

( )

명성 황후가 시해된 후 생명의 위협을 느낀 고종이 궁궐을 떠나 러시아 공사관에 머물며 지내게 되었어.

(가)

① 병인양요　　　　② 갑오개혁
③ 을미사변　　　　④ 광무개혁
⑤ 아관 파천

16 다음 □ 안에 들어갈 단체는 무엇인지 쓰세요.

> • 단체명: □□□□
> • 활동
>   – 독립문 건립
>   – 『독립신문』 창간
>   – 강연과 토론회 개최

( )

17 밑줄 친 '나'는 누구인가요? ( )

황제인 나는 모든 권한을 누릴 수 있다.

① 순조　　　　　② 헌종
③ 철종　　　　　④ 고종
⑤ 순종

18 러시아 공사관에서 경운궁으로 돌아온 고종이 황제 즉위식을 거행하며 알렸던 조선의 새로운 나라 이름은 무엇인지 쓰세요. ( )

19 광무개혁에 대한 설명으로 옳지 **않은** 것은 무엇인가요?

( )

① 단발령을 시행하였다.
② 많은 회사들이 세워졌다.
③ 외국에 유학생들을 보냈다.
④ 학교를 세워서 인재들을 길렀다.
⑤ 연호 '광무'를 따서 붙인 이름이다.

1 다음 글의 □ 안에 들어갈 알맞은 말을 쓰세요.

이 비석은 병인양요와 신미양요를 겪은 흥선 대원군이 한양과 전국에 세운 것이다. 나라와 나라가 다툼 없이 가까이 지내는 것을 '화친'이라고 하는데, 다른 나라가 화친을 원해도 이것을 물리친다는 뜻으로 세웠기 때문에 '□□비'라고 부른다.

2 빈칸 ㉠~㉢에 들어갈 알맞은 낱말을 바르게 나열한 것은 무엇인가요? (   )

고부 군수 조병갑의 ㉠ 을/를 견디다 못한 농민들은 결국 전봉준을 중심으로 봉기하였어.

동학 농민 운동은 그동안의 낡은 ㉡ 와/과 체제에 반대한 운동이었어.

나중에 갑오개혁에서 신분제가 법적으로 ㉢ 된 것은 동학 농민군의 요구 사항이 반영되었다고 볼 수 있는 거야.

	㉠	㉡	㉢
①	관습	횡포	폐지
③	횡포	폐지	관습
⑤	폐지	관습	횡포

	㉠	㉡	㉢
②	횡포	관습	폐지
④	폐지	횡포	관습

3 빈칸 ㉠~㉢에 들어갈 알맞은 낱말을 〈보기〉에서 찾아 쓰세요.

보기

근대   수교   우월

강화도 조약은 조선이 다른 나라와 맺게 된 최초의 ㉠□□적 조약이었다. 조약 체결 후 청은 조선에 대한 ㉡□□한 위치를 보장받기 위해 미국이 조선과 ㉢□□하는 것을 도와주었다.

VII

일제 강점기

"우리는 일제의 식민 지배에 맞서 독립을 위해 어떤 노력을 기울였을까요?"

일본은 조선을 차지하기 위해 준비를 해 나갔지만 조선의 백성들도 항일 의병 운동, 애국 계몽 운동 등 다양한 방법으로 나라를 지키기 위해 힘썼어요. 그러나 결국 일본에 나라를 빼앗기고 말았어요. 일제의 식민 통치 기간 동안 우리 민족은 독립을 위해 국내외에서 다양한 민족 운동을 전개하였어요.

▲ 3·1운동

▲ 청산리 대첩 기록화

▲ 대한민국 임시 정부 청사

VII 일제 강점기

을사늑약 체결로 우리는 외교권을 빼앗겼어요. 자주권을
잃은 우리는 어떤 움직임을 보이며 저항했을까요?

1905	1907	1909
을사늑약 체결	고종 황제 강제 퇴위, 군대 해산	안중근 의거

▲ 을사늑약 장면을 그린 풍자화

▲ 안중근 의사의 의거 장면 기록화

국내외 가리지 않고 빼앗긴 국권을 되찾기
위한 노력이 광복 때까지 계속돼요. 어떤 노
력을 해왔는지 살펴볼까요?

1920	1926	1931
청산리 대첩	6·10 만세 운동	김구, 한인 애국단 조직

▲ 청산리 대첩 기록화

▲ 순종의 장례일

▲ 김구

일제가 강제로 우리의 국권을 빼앗았어요.
우리는 나라를 되찾기 위해 적극적으로 노력
을 기울였어요.

1910

국권 피탈

1919

3·1 운동, 대한민국 임시 정부 수립

▲ 3·1 운동

▲ 대한민국 임시 정부 청사
(중국 상하이)

1932

이봉창·윤봉길 의거

▲ 일왕이 탄 마차에 폭탄 투척
(이봉창)

▲ 상하이 훙커우 공원에서 폭탄 투척
(윤봉길)

1940

한국광복군 조직

▲ 한국광복군

17일차 을사늑약과 고종의 퇴위

01 일제는 우리의 외교권을 어떻게 빼앗았을까?

1904년 대한 제국은 전쟁의 소용돌이에 휘말리게 돼요. 한반도와 만주 지역을 독차지하려는 러시아와 일제 두 나라의 욕심 때문에 러일 전쟁이 일어났기 때문이지요. 일제는 러시아를 기습 공격하여 승리를 거두게 되었어요. 세력을 넓히려는 러시아를 못마땅하게 생각한 미국과 영국이 일제를 도왔기 때문이죠. 대한 제국은 전쟁에서 승리한 일제의 간섭을 더 많이 받게 되었어요.

1905년 11월 일제의 정치가 이토 히로부미가 특사 자격으로 대한 제국에 오게 되었어요. 그는 미리 준비해 온 조약문을 고종에게 주며 서명을 강요하였지요. 조약문은 대한 제국이 일제의 허락 없이 다른 나라와 어떤 조약도 맺을 수 없다는 내용이었어요. 즉 대한 제국의 외교권을 일제가 갖겠다는 뜻이었지요. 고종 황제는 당연히 서명하지 않았어요. 그러자 이토 히로부미는 대한 제국의 대신을 위협했고 대신들 중 다섯 명이 조약문에 찬성하였어요. 일제와의 을사늑약은 이렇게 강제로 맺어졌고, 을사늑약에 찬성한 다섯 명을 을사오적이라고 불러요.

이로써 대한 제국은 일제에 외교권을 빼앗기고 자주권이 손상되었어요. 일제는 고종이 서명하지 않은 이 조약을 발표했어요. 그리고 통감부를 설치하였고 대한 제국의 외교뿐 아니라 정치와 경제 등 내정 간섭을 강화하기 시작했어요.

일제는 러일 전쟁 중인 1905년에 독도가 주인 없는 땅이라며 시마네현에 불법적으로 포함시켰어요. 대한 제국이 반박했지만 을사늑약으로 외교권을 빼앗긴 상태라 어떤 조치도 취할 수 없었죠. 독도는 일제에 불법적으로 빼앗겼다가 1945년 광복으로 되찾게 돼요.

▲ 독도

낱말 사전

위협
힘으로 으르고 협박함

자주권
스스로 문제를 결정하고 처리할 수 있는 권리

통감부
1905년부터 1910년까지 일제가 대한 제국을 감독하고 침략을 준비하기 위해 서울에 둔 관청

▲ 을사늑약 장면을 그린 풍자화

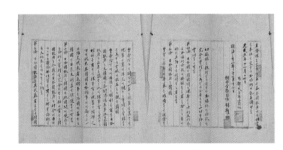
▲ 을사늑약이 담긴 문서

1 러일 전쟁에 대한 설명으로 맞으면 ○표, 틀리면 ×표 하세요.

(1) 러일 전쟁은 한반도를 차지하려는 일제가 러시아를 공격하며 일어났다. (   )

(2) 러일 전쟁에서 미국과 영국의 지원으로 러시아가 승리하였다.   (   )

2 다음 (   ) 안의 단어 중 옳은 것을 골라 ○표 하세요.

(1) 을사늑약을 체결함으로써 대한 제국은 (외교권, 군사권)을 일제에 빼앗겼다.

(2) 을사늑약의 체결 이후 일제는 대한 제국에 (총독부, 통감부)를 설치해 내정을 간섭하였다.

3 다음 사진의 지역에 대해 바르게 설명한 학생의 이름을 쓰세요. (   )

을사늑약으로 우리의 영토임을 인정받았어.
지현

러일 전쟁 때 러시아가 강제로 빼앗았어.
명진

을사늑약을 체결한 후 일제가 주인 없는 땅이라며 시마네현에 불법 편입시켰어.
수민

어휘 더하기

늑약

굴레[勒] + 맺다[約]

억지로 맺어진 조약

예 일제는 고종의 동의 없이 대한 제국의 외교권을 강탈하는 을사늑약을 체결하였다.

조약(條約)은 양국의 협의에 따라 체결되는 상호간의 약속임에 비해, 늑약(勒約)은 합의 없이 강압에 의해 맺어진 조약을 말해요.

02 고종은 왜 강제 퇴위를 당했을까?

을사늑약 체결이 알려지자 백성들은 분노하였고 다양한 방법으로 을사늑약의 부당함을 알리고자 노력하였어요. 대한 제국 황제인 고종은 을사늑약이 무효라는 사실을 알리기 위해 네덜란드 헤이그에서 열리는 만국 평화 회의(1907)에 특사를 파견하였어요. 당시 고종은 민족 계몽 운동에 힘쓰고 있던 이상설과 이준을 몰래 궁으로 불러 외교 사절이라는 문서와 필요한 경비를 마련해 주었어요.

이상설과 이준은 러시아로 가서 러시아 공사의 참사관이었던 이위종과 함께 네덜란드로 떠났어요. 그러나 만국 평화 회의의 의장인 러시아 대표와 네덜란드 정부는 이들 특사의 회의 참석을 거절했어요. 대한 제국이 외교권이 없다는 이유였지요. 게다가 일제의 방해로 이들은 회의장에 들어가지도 못했어요. 그럼에도 불구하고 이들은 포기하지 않고 회의를 취재하러 온 세계 여러 나라의 기자들 앞에서 을사늑약은 강제로 맺어진 조약이라고 연설을 하는 등 노력을 기울였어요. 그렇지만 이들의 노력은 별 성과를 얻지 못했고 이준이 헤이그에서 숨을 거두는 등 슬픔을 겪기도 하였어요.

일제는 고종이 외교권을 박탈당한 상태에서 헤이그에 특사를 보낸 것은 조약을 위반한 것이라며 이를 구실로 퇴위하라고 협박했어요. 을사늑약에 찬성했던 대신 이완용도 나서서 퇴위를 요구하자 결국 고종은 강제로 황제의 자리에서 물러나게 되었어요.

낱말 사전

체결
계약이나 조약 등을 정식으로 맺음

특사
나라를 대표하여 특별한 임무를 띠고 외국에 가는 사람

참사관
외무 공무원으로 외교 교섭 및 기타 임무를 보조하는 관직

◀ **헤이그 특사**
을사늑약의 부당함을 알리기 위해 고종이 헤이그에 파견한 특사로 왼쪽부터 이준, 이상설, 이위종이다.

1 고종이 네덜란드 헤이그에 보낸 다음 사진의 인물들을 무엇이라고 부르는지 쓰세요. (   )

이준   이상설   이위종

2 헤이그 특사 파견과 관련된 설명으로 맞으면 ○표, 틀리면 ×표 하세요.

(1) 헤이그 특사는 만국 평화 회의가 열리는 회의장에 들어가 을사늑약의 부당함을 알렸다. (   )

(2) 일제는 헤이그에 특사를 보낸 것을 구실로 고종에게 퇴위를 요구하였다.   (   )

3 다음 사건을 일어난 순서대로 나열하세요. (   )

(가)   (나)   (다)   (라)

| 고종의
강제 퇴위 | 헤이그 특사
파견 | 을사늑약
체결 | 대한 제국
수립 |

어휘 더하기

퇴위
물러나다[退] + 자리[位]

임금의 자리에서 물러남

예 신하들은 왕의 퇴위를 반대하였다.

양위(讓位)는 임금의 자리를 물려준다는 뜻이 있어요.

18일차 나라를 지키기 위한 노력1
- 항일 의병 운동 -

01 항일 의병 운동은 어떤 사람들이 일으켰을까?

일제에 대한 제국의 외교권을 빼앗기자 백성들은 몹시 분노했어요. 상점들은 문을 닫았고 학생들은 학교에 가지 않았지요. 각자 자신의 위치에서 다양한 방법으로 일제에 저항했어요. 그중 총칼을 들고 일제에 맞서기 위해 전국 각지에서 의병도 일어났어요.

의병은 어떤 사람들이었을까요?

첫째, 유학을 공부했던 유생들이었어요. 정부 관리였던 민종식은 충청도 홍주에서 군대를 모았고, 유학자였던 최익현은 전라도 태인에서 의병을 일으켰어요. 최익현은 관군에 잡혀 쓰시마섬으로 유배를 당한 뒤 물 한 모금도 마시지 않고 버티다 세상을 떠날 정도로 강직했어요.

둘째, 신돌석과 같은 평민 출신 의병장들도 있었어요. 신돌석이 이끌던 의병 부대는 강원도, 경상도, 충청도를 중심으로 일본군을 무찔렀는데, 신돌석은 '태백산 호랑이'라는 별명을 얻을 정도로 용맹스러웠다고 해요.

셋째, 군인들도 있었어요. 1907년 헤이그 특사 파견으로 고종을 퇴위시킨 일제는 대한 제국의 군대까지 강제로 해산시켰고 이때 해산된 군인들은 무기를 들고 의병에 합류했지요.

1907년부터 1910년까지 수많은 의병이 일어나 일제에 맞서 싸웠어요. 일제의 침략이 가혹해질수록 의병들도 더욱 불타올라 거세게 저항했어요.

낱말 사전

유배
다섯 가지 형벌 가운데 죄인을 먼 곳으로 보내는 일

강직
마음이 꼿꼿하고 곧음

▲ '태백산 호랑이'라 불린 의병장 신돌석

▲ 해산된 군인이 의병에 참여한 모습

스토리 씽킹

1 항일 의병 운동에 대한 설명으로 맞으면 ○표, 틀리면 ×표 하세요.

(1) 을사늑약 이후에 일어난 의병 중 평민 출신의 의병장도 등장하였다. (　　　　)

(2) 대한 제국의 해산된 군인들이 무기를 들고 의병에 합류하였다. (　　　　)

2 다음 의병장과 관련된 내용을 바르게 연결하세요.

(1) 최익현 ●　　　● ㉠ '태백산 호랑이'라 불리며 강원도, 경상도, 충청도에서 활약하였다.

(2) 신돌석 ●　　　● ㉡ 쓰시마섬에 유배를 당한 뒤 단식하다가 세상을 떠났다.

3 다음 역사 주제로 발표를 하려고 할 때 내용을 잘못 고른 학생의 이름을 쓰세요. (　　　　)

주제: 을사늑약 이후 등장한 불꽃같은 의병들, 그들은 누구였나.

총칼을 들고 일제에 맞서기 위해 스스로 일어난 사람들. 의병의 뜻을 발표할래. (민지)

의병장도 중요하지만 이름도 남기지 않은 수많은 의병들도 중요해. 그분들에 대해 발표할래. (동윤)

의병장은 대한 제국의 해산된 군인만 할 수 있었으니 나는 대한 제국 군대에 대해 발표할게. (다희)

어휘 더하기

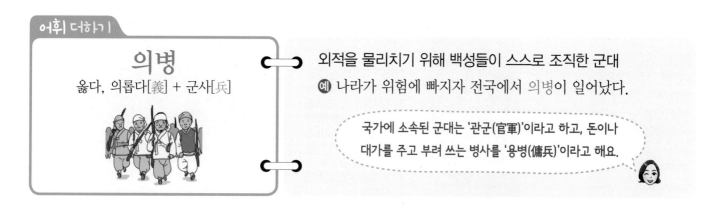

의병
옳다, 의롭다[義] + 군사[兵]

외적을 물리치기 위해 백성들이 스스로 조직한 군대

예 나라가 위험에 빠지자 전국에서 의병이 일어났다.

국가에 소속된 군대는 '관군(官軍)'이라고 하고, 돈이나 대가를 주고 부려 쓰는 병사를 '용병(傭兵)'이라고 해요.

02 안중근은 왜 이토 히로부미에게 총을 쏘았을까?

을사늑약 체결로 온 나라 사람들은 시위를 벌이며 일제의 침략을 비난했어요. 어떤 사람들은 이완용의 집으로 달려가 불을 지르기도 했고, 이상설은 을사오적의 목을 베라는 상소를 올리기도 했어요. 대한 제국의 대신이었던 민영환은 여러 나라 공사들에게 유서를 보내고 스스로 목숨을 끊었어요. 덕망 있는 이들이 의병장으로 나서 의병을 모았고, 수많은 의병이 목숨을 아까워하지 않고 일제에 맞서 싸웠어요.

그리고 여기 또 다른 방법으로 의병 활동을 한 사람이 있어요. 이토 히로부미를 향해 총을 겨눈 안중근이었어요. 이토 히로부미는 앞장서서 을사늑약 체결을 강요하여 사실상 대한 제국을 일제의 식민지로 만드는 데 큰 역할을 한 인물이에요. 안중근은 침략자 이토 히로부미를 사살하는 일이 중요하다고 생각했어요. 마침 이토 히로부미가 만주 하얼빈에 온다는 소식을 들은 안중근은 하얼빈역에서 기차에서 내린 이토 히로부미에게 총을 쏘았어요(1909년).

안중근은 그 자리에서 붙잡혀 러시아 측의 조사를 받은 후 일본 측에 넘겨졌고, 이후 뤼순 감옥에 갇혀 재판을 받았어요. 여기서 안중근은 이토 히로부미를 죽인 이유를 묻는 질문에 "나는 개인으로 이 일을 행한 것이 아니라 대한의군 참모중장 자격으로 조국의 독립을 위해 행한 것이오. 이토를 죽인 이유는 열다섯 가지 죄를 지었기 때문이오."라며 당당히 이토 히로부미의 죄목을 말했어요. 그러나 마지막 공판이 열리고 안중근에게 사형이 선고되었고, 1910년에 처형되고 말았어요. 오직 나라의 독립을 위해 목숨을 바쳤던 안중근 의사의 당시 나이는 32세였어요.

낱말 사전

공사
국가를 대표하여 파견하는 외교 사절

덕망
덕행으로 얻은 명망

공판
법원이 유죄 무죄를 판단하는 일

◀ **안중근 의사의 손 도장**
안중근은 동지들과 함께 '단지회'라는 단체를 만들었다. 단지(斷指)란 '손가락을 잘라 맹세한 모임'이라는 뜻이다. 손가락을 자를 만큼의 강한 의지로 독립운동을 한 것이다.

▲ **순국하기 며칠 전 빌렘 신부와 두 동생을 만나고 있는 안중근 의사**

1 다음 내용의 □ 안에 들어갈 알맞은 말을 쓰세요.

(1) □□□은 여러 나라 공사들에게 유서를 보내고 스스로 목숨을 끊었다.

(2) □□ □□□□는 을사늑약을 강요한 인물로, 대한 제국을 일제의 식민지로 만드는 데 앞장섰다.

2 다음에서 설명하는 인물은 누구인지 쓰세요. (   )

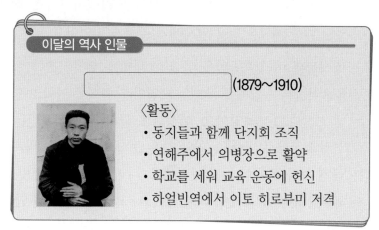

> 이달의 역사 인물
>
>   (1879~1910)
>
> 〈활동〉
> • 동지들과 함께 단지회 조직
> • 연해주에서 의병장으로 활약
> • 학교를 세워 교육 운동에 헌신
> • 하얼빈역에서 이토 히로부미 저격

3 다음 사건을 일어난 순서대로 바르게 나열하세요. (   )

(가)   (나)   (다)

▲ 민영환 자결

▲ 을사늑약 체결

▲ 안중근, 이토 히로부미 저격

어휘 더하기

의사
옳다, 의롭다[義] + 선비[士]

나라와 민족을 위해 몸을 바쳐 일한 의로운 사람
예 안중근 의사는 이토 히로부미를 처단하였다.

> 의사처럼 정의를 위해 옳은 일을
> 일으키는 것은 의거(義擧)라고 해요.

19일차 나라를 지키기 위한 노력2
- 애국 계몽 운동 -

01 나라의 빚을 갚기 위해 어떤 노력을 펼쳤을까?

일제는 대한 제국의 경제도 예속시키려 했어요. 통감부는 대한 제국을 근대화하기 위해서는 많은 돈이 필요하다고 주장하며 일제로부터 돈을 빌리게 했어요. 우리가 원하지 않았지만 일제에 빌린 돈은 모두 대한 제국의 빚이 되었고 어느새 1,300만 원에 이르렀어요. 이는 당시에 나라의 1년 예산과 맞먹는 큰 금액이었어요. 이 돈은 일제에 갚아야 했는데 돈이 없던 대한 제국은 더욱 일제에 의존하게 되었어요.

백성들은 이러다가 빚을 못 갚아 나라를 빼앗기겠다는 생각을 하게 되었어요. 이때 대구에서 서상돈이 담배를 끊자는 모임인 단연회를 만들고 담배를 사려던 돈을 나라 빚을 갚는 데 쓰겠다고 내놓았어요. 여성들도 금이나 은으로 만든 반지와 비녀를 팔아 나라 빚을 갚기 위해 돈을 모았어요. 이와 같은 소식은 전국으로 퍼져 나가면서 전 국민이 빚을 갚자는 '국채 보상 운동'이 시작된 거예요. 나라가 일제에 진 빚을 국민들이 갚아 일제의 지배에서 하루빨리 벗어나자는 노력이었지요. 고종 황제, 궁궐 안의 궁녀, 학생들, 해외 유학생들과 교포들까지 모금 운동에 힘을 보탰어요. 이러한 노력으로 1907년 4월까지 모인 성금이 230만 원에 이르렀어요.

그러나 일제는 국채 보상 운동에 앞장섰던 양기탁을 공금 횡령의 누명을 씌워 체포하고, 온갖 방법으로 국채 보상 운동을 방해했어요. 결국 국채 보상 운동은 일제의 방해로 중단되었으나 국민들의 국권 회복에 대한 의지를 다시 한 번 일깨워 주는 아주 중요한 움직임이었어요.

낱말 사전

예속
남의 지배나 지휘 아래 놓이는 일

비녀
여자의 쪽 찐 머리가 풀어지지 않도록 꽂는 장신구

공금
국가나 공공 단체가 가지고 있는 돈

횡령
공금이나 남의 재물을 불법으로 차지하여 가짐

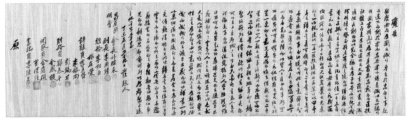

▲ 국채 보상 운동 기록물 중 일부
1907년부터 1910년까지 국채 보상 운동의 전 과정을 보여 주는 기록물로, 2017년 유네스코 세계 기록 유산에 등재되었다.

1 다음 ( ) 안의 내용 중 옳은 것을 골라 ○표 하세요.

(1) 국채 보상 운동은 대구에서 (서상돈, 양기탁)이 단연회를 만들면서 시작하였다.

(2) 국채 보상 운동은 일제의 방해로 중단되었으나 (다시 재개되어 결국 일제의 빚을 갚게 되었다. / 우리의 국권 회복 의지를 보여준 중요한 움직임이었다.)

2 대한 제국이 일제에 빚을 진 이유에 대해 옳게 설명한 학생의 이름을 쓰세요. ( )

3 ㉠, ㉡에 들어갈 알맞은 말을 쓰세요.

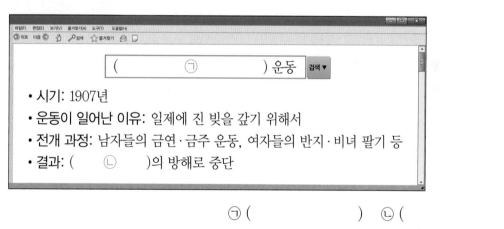

㉠ ( ) ㉡ ( )

어휘 더하기

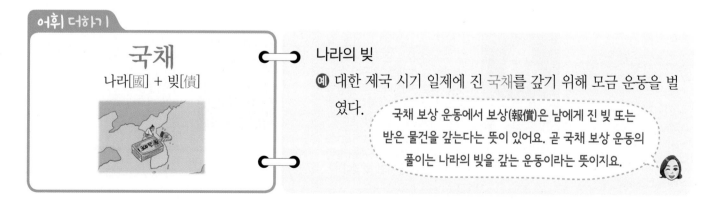

국채

나라[國] + 빚[債]

나라의 빚

㉒ 대한 제국 시기 일제에 진 국채를 갚기 위해 모금 운동을 벌였다.

국채 보상 운동에서 보상(報償)은 남에게 진 빚 또는 받은 물건을 갚는다는 뜻이 있어요. 곧 국채 보상 운동의 풀이는 나라의 빚을 갚는 운동이라는 뜻이지요.

02 민족정신을 지키기 위한 방법은 무엇이었을까?

나라를 지키기 위한 방법으로 애국심과 실력을 길러야 한다고 생각한 사람들이 있었어요. 애국심을 기르기 위한 방법 중 하나는 우리 역사를 연구하는 것이었어요. 역사는 우리 민족의 정신이기 때문이에요.

신채호는 우리 민족의 우수성을 알리고 한국인들의 독립 의지를 고취하고자 우리의 역사를 소개하는 책을 냈어요. 고구려 때 수의 침입으로부터 나라를 지킨 을지문덕 이야기인 『을지문덕전』, 임진왜란 때 일본의 침입을 물리친 이순신 이야기인 『이순신전』이 그것이죠.

민족정신을 길러 나라를 구하기 위해 우리말과 글을 연구하는 사람들도 있었어요. 정부 문서와 교과서 등에 한자와 한글을 섞어 쓰기 시작하면서 한글 사용 빈도가 높아졌고, 주시경의 주도로 한글 문법의 연구와 정리가 이루어졌어요.

또한 안창호는 스스로 깨우치고 배워야 강해지고 나라를 되찾을 수 있다며 애국심과 민족의식을 강조하였고, 비밀 결사 조직인 신민회를 만들어 애국 계몽 운동을 펼쳤어요. 여기에 신채호와 양기탁, 김구 등이 참여했어요. 신민회의 사업은 신문과 잡지를 발행해 국민의 지식을 계발하는 것, 학교를 설립해 인재를 양성하는 것, 국외에 무관 학교를 설립해 독립 전쟁에 대비하는 것, 독립군 기지를 건설하고 독립군을 만드는 것 등이었어요. 실제로 신민회는 대성 학교를 세워 인재들을 양성하였고, 태극 서관을 만들어 책을 출판하거나 만주에 독립군 기지와 무관 학교를 세우는 등 여러 활동을 펼쳤어요.

그러나 일제는 데라우치 총독을 암살하려 했다는 사건을 조작하여 안중근의 동생 안명근을 체포하였어요. 당시에 민족 지도자 수백 명을 검거하였는데, 이 과정에서 신민회의 정체가 탄로 나 강제로 해체되고 말았어요.

낱말 사전

기지
활동의 기점이 되는 근거지

검거
범죄 수사를 위하여 용의자를 잡는 일

역사 인물 카드

▲ 신채호

신채호는 일제에 머리를 숙일 수 없다는 생각에 세수를 할 때에도 고개를 꼿꼿이 들고 있을 정도였다. 나라를 사랑하는 마음을 기르기 위해서는 우리 역사를 잘 알아야 한다고 생각해 위인전과 역사책을 써서 우리 민족의 우수성을 알리고 자부심을 높이려 하였다.

역사 인물 카드

▲ 안창호

안창호는 1902년 미국 샌프란시스코에서 노동을 하며 한인들을 위해 힘썼다. 을사늑약이 체결된 후 귀국하여 1907년 비밀 결사 단체인 신민회를 조직하였다. 이후 대한민국 임시 정부, 미국, 중국 등에서 독립운동을 하며 일생을 보냈다.

1 다음 내용의 □ 안에 들어갈 알맞은 말을 쓰세요.

(1) 안창호는 비밀 결사 조직인 □□□를 만들어 애국 계몽 운동을 펼쳤다.

(2) 신민회는 □□□□을 세워 책을 출판하였다.

(3) 신민회는 만주에 독립군 기지와 □□ 학교를 세우는 등의 활동을 벌였다.

2 다음 생각 그물의 ㉠~㉣ 중 옳지 <u>않은</u> 것을 고르세요. ( )

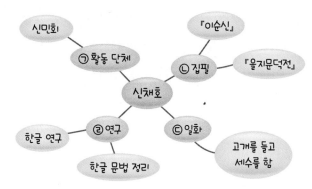

3 나라를 지키기 위해 민족정신을 길러야 한다고 생각한 사람들이 연구한 것을 〈보기〉에서 골라 기호를 쓰세요.

> 보기
> ㉠ 우리 역사 연구 ㉡ 우리말과 글 연구
> ㉢ 세계 지리 연구 ㉣ 식민 지배를 받는 민족 연구

( )

20일차　강제로 빼앗긴 국권

01　한국 병합 조약은 어떻게 체결되었을까?

　　을사늑약으로 대한 제국의 외교권을 빼앗은 일제는 그 뒤로도 여러 가지 조약을 체결하여 대한 제국의 군대를 없애고 경찰권까지 빼앗아갔어요. 그러던 중 1909년 12월, 일진회가 정부에 청원을 했어요. 대한 제국과 일제가 한 나라가 된다면 두 나라가 영원히 번영할 것이라는 내용이었어요. 이것은 대한 제국의 국권을 빼앗을 계획을 갖고 있던 일제가 주도한 것으로, 우리 국민들이 한일 병합을 원하는 것처럼 꾸민 일이었어요.

　　일제는 새 통감으로 데라우치를 임명하고 약 2,000여 명의 헌병을 궁궐 안팎에 배치했어요. 1910년 여름에는 경찰 수를 더욱 늘리고 헌병 보조원을 뽑는 등 경비를 삼엄하게 펼쳤어요. 이들은 경성(서울) 거리 곳곳에서 지나는 사람들을 샅샅이 검문하기도 했어요. 이러한 공포 분위기 속에서 8월 22일 '한국 병합 조약'이 체결되었고 29일에 이를 공식적으로 발표했어요. 대한 제국은 주권을 일제에 빼앗겼어요. 이제 대한 제국이라는 이름은 쓰지 못하게 되었으며, 일제는 대한 제국에 통감부 대신 조선 총독부를 두어 한반도를 통치하게 되었어요.

　　한국 병합 조약이 체결된 이때부터 일제가 우리나라를 강제로 지배한 기간을 '일제 강점기'라고 해요. 국민들은 나라를 빼앗긴 슬픔에 울부짖었으며, 슬픔을 견디다 못해 스스로 목숨을 끊는 사람들도 있었어요.

낱말 사전

일진회
일제의 대한 제국 강제 점령을 도운 친일 단체

청원
일이 이루어지도록 청하고 원함

삼엄
무서울 만큼 질서가 잡히고 엄숙함

▲ 일제에 빼앗긴 주권

▲ 한국 병합 조약 문서

1 한국 병합 조약에 대한 설명으로 맞으면 ○표, 틀리면 ×표 하세요.

(1) 조약을 체결한 이후 통감부가 설치되어 한반도를 통치하였다. ( )

(2) 조약이 체결되고 일제가 강제 지배한 이 시기를 일제 강점기라고 한다. ( )

2 다음 내용의 □ 안에 들어갈 알맞은 말을 쓰세요.

(1) 을사늑약 이후 일제는 여러 조약을 맺어 □□를 해산시키고 □□권까지 빼앗아갔다.

(2) 한국 병합 조약의 체결로 대한 제국은 □□을 일제에 빼앗겼다.

3 다음은 한국 병합 조약과 관련한 조사 보고서의 내용입니다. ㉠~㉢ 중 옳지 <u>않은</u> 것을 골라 기호를 쓰세요.

( )

> **조사 보고서**
>
> ○○ 모둠
>
> 1. 주제: 1910년 한국 병합 조약 이후 변화
> 2. 조사 방법: 인터넷 검색, 문헌 조사 등
> 3. 내용
>   ㉠ 조선 총독부 설치
>   ㉡ 대한 제국의 모든 정치적 권리 무시
>   ㉢ 대한 제국의 외교권 강탈

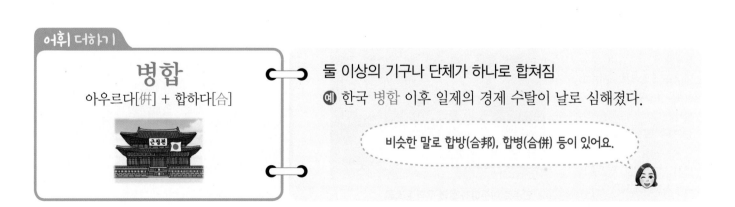

어휘 더하기

병합
아우르다[併] + 합하다[合]

둘 이상의 기구나 단체가 하나로 합쳐짐
예 한국 병합 이후 일제의 경제 수탈이 날로 심해졌다.

비슷한 말로 합방(合邦), 합병(合倂) 등이 있어요.

02 사람들이 나라를 떠난 이유는 무엇일까?

만주는 압록강과 두만강 북쪽에 있는 지역이에요. 일제의 탄압과 수탈이 계속되어 경제적으로 살기가 어려워진 사람들은 만주로 떠났어요. 하지만 그곳에서의 생활도 쉽지 않았어요. 척박한 만주 땅을 일궈야했고 일본군의 추격도 따돌려야 했으며 토박이 중국인들까지도 상대해야 했으니까요.

독립운동을 위해 만주로 떠난 사람도 있었어요. 이회영과 그 형제들은 조상 대대로 물려받은 엄청난 땅과 재산을 모두 팔고 만주로 떠났어요. 그들은 가진 재산으로 만주에 있는 독립군들을 지원하였고, 나라의 국권 회복을 위해 힘을 보탰어요. 이회영 일가의 노력이 있었기에 독립군을 양성하기 위한 무관 학교도 만주에 세울 수가 있었어요.

독립운동을 위해 일본으로 떠난 사람들도 있었어요. 초기에는 유학생들이 많이 건너갔고 나중에는 노동자들이 건너갔어요. 그러나 일제의 식민 지배를 받는 나라의 사람들이었기에 유학생이든 노동자든 많은 차별을 받을 수밖에 없었어요.

한편 미국 하와이로 건너간 사람들도 있었어요. 이들은 언어와 풍습이 맞지 않는 하와이에서 주로 사탕수수 농장 일을 했어요. 힘들게 번 돈을 모아 독립운동에 써달라며 독립운동 단체에 보내기도 했어요.

몸은 비록 멀리 있었지만 독립을 바라는 마음은 모두가 같았어요. 타지로 이주한 사람들은 힘들게 생활하면서도 독립운동 단체를 결성하고 성금을 모금하거나 독립운동가를 지원하며 조국의 독립을 바라고 있었어요.

낱말 사전

토박이
대대로 그 땅에서 나서 오래도록 살아온 사람
일가
성(姓)과 본이 같은 겨레 또는 가족
타지
다른 지방이나 지역

▲ 만주로 이주하여 살던 우리 동포들

▲ 하와이로 이주하여 살던 우리 동포들

1 사람들이 나라를 떠난 이유를 바르게 말한 학생의 이름을 쓰세요. (   )

일제가 강제로 이주 시켰기 때문이야.

경제적으로 힘들었고, 일제의 탄압과 수탈이 거세졌기 때문이야.

근대 문물을 받아들여 한국을 개화시키기 위해서야.

현서

은우

슬기

2 다음에서 설명하는 대표적 인물이 누구인지 쓰세요. (   )

> 만주 이주, 무관 학교 설립에 힘을 보탬, 개인 재산으로 독립운동 지원, 형제 모두 독립 활동에 참여

3 (가)~(다)에서 설명하는 지역을 바르게 연결하세요.

(가)
• 경제적 이유로 많이 떠남
• 독립운동가 이동

(나)
• 초기 유학생, 후기 노동자의 이동
• 많은 차별과 서러움을 겪음

(다)
• 주로 사탕수수 농장에서 일함
• 독립운동 단체에 성금 후원

㉠ 하와이

㉡ 일본

㉢ 만주

어휘 더하기

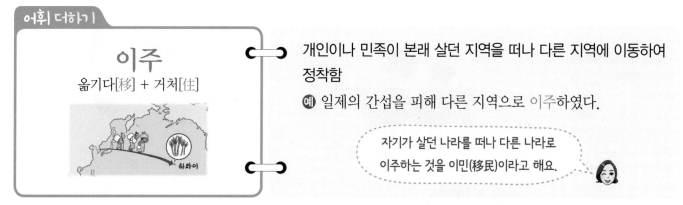

이주
옮기다[移] + 거처[住]

개인이나 민족이 본래 살던 지역을 떠나 다른 지역에 이동하여 정착함

예 일제의 간섭을 피해 다른 지역으로 이주하였다.

> 자기가 살던 나라를 떠나 다른 나라로 이주하는 것을 이민(移民)이라고 해요.

21일차 일제 강점기 헌병 경찰 통치와 3·1 운동

01 일제가 우리나라를 통치한 방식은 어떠하였을까?

일제의 식민 통치가 시작되면서 일제는 대한 제국을 조선이라고 불렀고, 한국인들을 지배하기 위해 조선 총독부라는 통치 기구를 만들었어요. 일제는 식민 통치에 대한 우리의 반발과 저항을 막기 위해 강압적인 분위기를 만들었어요.

일제는 총칼을 갖춘 헌병 경찰을 두어 곳곳에서 한국인을 감시하였어요. 또 정식적인 법 절차 없이도 한국인을 처벌할 수 있는 권한을 가졌어요. 특히 그들에 반대하는 한국인들은 무조건 끌고 가 감옥에 가두고 고문을 하기도 하였어요.

학교에서는 선생님도 제복을 입고 칼을 찼어요. 우리말과 역사를 가르치지 못하게 하였고, 역사를 왜곡하여 일제가 고대부터 한반도를 지배하였다고 가르쳤어요. 가장 중요한 과목은 일본어였고 어떤 과목에서든 일본의 왕에게 충성해야 한다고 가르쳤어요.

또한 애국 계몽 운동가들이 펴낸 민족정신을 일깨우는 책들을 금지시켰고, 일제를 비판한 우리 신문까지 폐간시켰어요. 사람들이 단체를 만들거나 모이는 것도 금지시켰어요.

한편 일제는 우리 땅을 빼앗기 위한 작업도 진행했어요. 전국의 땅을 조사해 땅의 주인과 넓이를 정확히 밝힌다는 구실로 토지 조사 사업을 실시했어요. 여러 가지 방법으로 조선 총독부는 한반도의 많은 토지를 불법으로 빼앗았고 빼앗은 토지를 우리나라로 건너오는 일본인에게 헐값에 팔았어요.

일제의 무자비한 헌병 경찰 통치를 견디지 못한 사람들, 토지를 빼앗겨 생활이 곤란해진 사람들, 우리 땅에서 활동하기 어려워진 독립운동가들은 다른 나라로 떠나기도 했어요.

낱말 사전

왜곡
사실과 다르게 해석하거나 그릇되게 함

폐간
신문, 잡지 등의 간행을 중지함

헐값
물건의 원래 가격보다 훨씬 싼 값

▲ 헌병 경찰

▲ 태형
헌병 경찰은 정식적인 법 절차 없이도 한국인에게 벌금을 매기고, 볼기를 때릴 수 있는 권한을 가졌다.

1 일제의 식민 통치에 대한 설명으로 맞으면 ○표, 틀리면 ×표 하세요.

(1) 일제의 식민 통치가 시작되면서 대한 제국을 조선이라 불렀다. (   )

(2) 총칼을 지닌 헌병 경찰을 곳곳에 배치하였다.   (   )

2 일제가 강압적으로 실시한 정치 내용을 두 개 고르세요. (,   )

> ㉠ 대한 제국 황제만 감시하고 탄압하였다.
> ㉡ 사람들이 단체를 만들거나 모이는 것을 금지하였다.
> ㉢ 학교에서 선생님들도 제복을 입고 칼을 차고 있었다.
> ㉣ 헌병 경찰은 정식적인 법 절차에 따라서만 한국인을 처벌하였다.

3 빈칸 ㉠, ㉡에 들어갈 알맞은 내용을 쓰세요.

> 일제는 식민 통치 후 전국의 땅을 조사해 땅의 주인과 넓이를 밝힌다는 구실로 ⃞㉠⃞ 을 실시하였다.

➡

> 여러 가지 방법으로 한국인의 토지를 빼앗아 이것을 한국에 오는 일본인에게 헐값에 넘겨주었다.

➡

> 토지를 빼앗겨 생계가 곤란해진 사람들은 ⃞㉡⃞ 로 떠나기도 하였다.

㉠ (   )   ㉡ (   )

어휘 더하기

헌병
법[憲] + 병사[兵]

군대에서 경찰의 임무를 띠고 있는 군인

예 일제가 식민 통치를 실시하면서 헌병 경찰을 곳곳에 두어 한국인을 감시하고 탄압하기 시작하였다.

> 비슷한 말로 군사 경찰을 들 수 있어요.

02 3·1 운동은 왜 일어났을까?

제1차 세계 대전이 끝나고 열린 회의에서 미국 윌슨 대통령이 '자기 민족의 일은 자기 민족 스스로 결정할 권리가 있다.'라는 내용을 포함하여 평화를 위한 여러 원칙을 제시했어요. 일본에 있던 우리 유학생들도 이것에 영향을 받아 독립 선언을 발표했어요. 그러던 중 고종이 세상을 떠났는데, 고종의 죽음에 일제가 배후에 있다는 소문이 돌았어요. 사실 여부를 떠나 백성들은 점점 분노하게 되었어요.

결국 고종의 장례식을 이틀 앞둔 1919년 3월 1일, 종로 태화관이라는 음식점에서 민족 대표가 모여 독립 선언서를 발표하였고 이후 민족 대표는 경찰서에 끌려갔어요. 그 시각 종로 탑골 공원에는 수많은 학생과 시민이 모여 있었어요. 학생 대표가 나와 독립 선언서를 읽자 그곳에 있던 많은 사람들이 "대한 독립 만세!"를 외치며 거리로 나갔어요. 이렇게 3·1 운동이 시작되었고, 곧 전국으로 퍼져 나갔어요.

16살의 나이로 이화 학당에 다니던 유관순은 휴교령이 내려지자 고향으로 내려가 만세 시위를 계획했어요. 아우내 장날이던 4월 1일, 계획된 독립 만세 운동이 벌어지자 일제는 만세 시위에 참여한 이들을 무자비하게 탄압했어요. 만세 시위의 주도자로 유관순은 체포되었고 서대문 형무소에 갇히게 되었어요. 감옥에 갇힌 유관순은 일제의 심한 고문을 받아 18세의 나이로 감옥에서 목숨을 잃었어요.

▲ 유관순

전국으로 퍼진 만세 운동은 일제의 탄압에 맞서 무려 1년 동안 계속되었고 만주, 연해주, 미국 등 국외에 사는 우리 동포들도 만세 운동을 벌였어요. 3·1 운동은 우리의 독립 의지를 전 세계에 알리는 계기가 되었고, 스스로 독립을 이룰 수 있다는 자신감도 심어 주었어요.

낱말 사전

배후
어떤 일의 드러나지 않은 다른 면

여부
그러함과 그러하지 아니함

▲ 독립 선언을 준비하는 민족 대표들

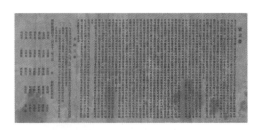
▲ 3·1 독립 선언서
민족 대표 33인 중 29명이 모여 독립 선언식을 거행하였다. 이때 낭독된 독립 선언서에는 비폭력적, 평화적으로 자주 독립에 이르는 방법을 모색하는 내용이 담겨 있다.

스토리 씽킹

1 다음 밑줄 친 내용을 옳게 고쳐 쓰세요.

(1) 순종의 장례식을 이틀 앞둔 1919년 3월 1일, 종로 음식점에 민족 지도자들이 모였다.
→ (   )

(2) 항일 의병 운동을 주도한 유관순은 체포되어 서대문 형무소에 갇혀 생을 마감하였다.
→ (   )

2 3·1 운동 때 다음과 같은 내용으로 작성한 문서 이름을 쓰세요. (   )

I. 우리는 이에 조선이 독립한 나라라는 점과 조선인이 자주적인 사람이라는 것을 선언한다. ……

3 다음 사건을 일어난 순서대로 나열하세요. (   )

(가) 종로 탑골 공원에서 만세 운동 일어남
(나) 태화관에서 독립 선언서 낭독
 (다) 국외로 만세 운동 퍼짐

 (라) 일본에 있는 유학생들이 독립 선언서 발표

어휘 더하기

독립
홀로[獨] + 서다[立]

다른 것에 예속하거나 의지하지 않는 상태
예 우리는 조국의 독립을 확신하였다.

일제 강점기에 우리 민족이 독립하기 위하여 여러 민족 운동을 하던 일을 독립운동이라고 해요.

22일차 나라를 되찾기 위한 노력

01 대한민국 임시 정부는 어떤 일을 했을까?

　　3·1 운동을 겪은 독립운동가들은 독립운동을 이끌 중심 단체가 필요하다고 생각했어요. 그래서 국내외에 임시 정부를 세웠어요. 경성에서는 한성 정부를 세웠고 중국, 러시아 등지에도 임시 정부를 세웠어요. 그러나 온 국민의 의견을 한곳으로 모으고 독립운동을 조직적으로 계획하고 실천하기 위해 임시 정부는 하나로 통합되어야 했어요.

　　마침내 1919년 9월, 여러 곳에 세웠던 임시 정부가 하나로 통합되어 중국 상하이에 수립되었어요. 대한민국 임시 정부는 민주 공화제를 정치 체제로 삼고 헌법을 만들고 이승만을 대통령으로 선출했어요.

　　대한민국 임시 정부는 다양한 활동을 펼쳤어요. 첫째, 외교 활동을 통해 우리의 실상을 세계에 알리고 독립의 방법을 찾기 위해 노력했어요. 둘째, 국내외에 흩어져 있는 독립운동 단체와 긴밀하게 연락하기 위해 교통국을 설치했어요. 교통국은 비밀 연락 조직으로 독립운동가나 단체와 연락을 취하고 독립운동 자금을 주고받은 기관이었어요. 셋째, 『독립신문』을 발행했어요. 국내외의 독립운동 소식을 알렸는데, 특히 임시 정부가 중국에 있었기 때문에 신문을 통해 알릴 수 있는 일들이 많았어요. 넷째, 독립 공채를 발행했어요. 독립운동을 위해서는 많은 돈이 필요한데 임시 정부는 자금이 부족했어요. 그래서 독립이 되면 이자를 붙여 돌려주겠다는 약속 증서인 독립 공채를 발행한 거예요. 다섯째, 1940년에는 한국광복군이라 불리는 정식 군대도 조직했어요.

　　대한민국 임시 정부는 국외에 수립되어 많은 어려움이 있었지만 1945년 광복을 맞이할 때까지 우리 민족의 정신적 지주 역할을 하며 꿋꿋하게 활동했어요.

낱말 사전

민주 공화제
주권이 국민에게 있고 주권의 운용이 국민의 의사에 따라 이루어지는 제도

긴밀
관계가 매우 가까워 빈 틈이 없음

공채
국가가 임시로 지는 빚

▲ 대한민국 임시 정부 청사(중국 상하이)

▲ 대한민국 임시 정부의 이동 경로

1 3·1 운동 이후 국내외에 세웠던 임시 정부를 통합한 지역의 위치는 어디인지 기호와 도시 이름을 쓰세요.

(1) 기호: (   )

(2) 도시 이름: (   )

2 다음 내용의 □ 안에 들어갈 알맞은 말을 쓰세요.

(1) 대한민국 임시 정부는 □□□□을 발행하여 국내외의 독립운동 소식을 알렸다.

(2) 대한민국 임시 정부는 □□ □□를 발행하여 독립운동 자금을 모았다.

3 대한민국 임시 정부에 대해 바르게 말한 학생의 이름을 쓰세요. (   )

정식 군대인 조선 독립군을 창설하였어.

국내외 흩어져 있는 독립운동 단체와 긴밀히 연락하기 위해 신민회를 설치하였어.

민주 공화제를 정치 체제로 택하고 이승만을 대통령으로 선출하였어.

1919년 수립 이후 일제의 간섭과 탄압으로 곧 해체되었어.

지호   영우   서현   민준

어휘 더하기

임시 정부
임하다[臨] + 때[時] + 정치[政] + 관청[府]

국제법 차원에서 정식으로 인정받지 못한 정부

예 독립운동을 이끌 지도부가 필요하기에 임시 정부가 구성되었다.

1919년에 독립운동가들은 독립운동을 조직적으로 수행하기 위해 대한민국 임시 정부를 중국 상하이에 수립하였어요.

02 일제 강정기 독립운동은 어떤 모습이었을까?

3·1 운동 이후 우리는 일제와 싸울 군사력을 길러야 한다는 것을 깨달았어요. 국권을 지키기 위해 의병 활동을 하던 사람들은 일제에 나라를 빼앗긴 뒤 만주와 연해주 등지로 건너가 독립군이 되었어요. 그들은 일제와 전쟁을 벌여 나라를 되찾겠다는 각오로 훈련을 하며 힘을 키웠어요.

1920년 홍범도 장군이 이끄는 독립군은 다른 독립군과 힘을 합쳐 봉오동 전투에서 일본군에 큰 피해를 입혔어요. 전투에서 패한 일제는 다시 대규모 부대를 만주에 보냈고 독립군 부대는 청산리에 모여 들었어요. 청산리 전투에서 김좌진 장군과 홍범도 장군이 이끄는 독립군 부대 등이 힘을 합쳐 일본군과 싸워 큰 승리를 거두었어요. 청산리 전투는 우리 민족이 일본군을 가장 크게 물리쳤기에 '청산리 대첩'이라고 불러요.

▲ 청산리 대첩 기록화

또한 김원봉이 조직한 의열단과 김구가 조직한 한인 애국단도 독립운동에 큰 역할을 하였어요. 의열단은 조선 총독부, 종로 경찰서 등지에 폭탄을 투척했어요. 한인 애국단원인 이봉창은 일왕이 탄 마차에 폭탄을 투척하였고, 윤봉길은 상하이 홍커우 공원에서 열린 일왕 생일 행사에 폭탄을 투척하였지요.

국내에서는 일제의 탄압에도 불구하고 여러 활동을 이어갔어요. 한국 사람들이 만든 물건만 쓰자는 운동(물산 장려 운동), 실력을 기르기 위한 교육 활동, 그리고 순종의 장례를 계기로 학생들이 주축이 되어 벌인 1926년 6·10 만세 운동, 일제의 차별에 저항한 1929년 광주 학생 항일 운동 등이 일어났어요.

낱말 사전

부대
일정한 규모로 편성된 군대 조직

대첩
크게 이김

투척
물건 등을 던짐

주축
전체 가운데 중심이 되어 이끌어 나감

자료 플러스

일제가 우리 민족에게 강요한 일들

신사 참배
무조건 일본의 신과 조상을 모신 신사에 가서 절을 해야 했어요. 자신이 믿는 종교가 있어 참배하지 않으면 끌려가기도 했어요.

일본어 사용하기
처음에는 수업 시간에만 일본어를 썼어요. 그러나 나중에는 일상 생활에서도 아예 일본어만 써야 했어요.

일본군 '위안부'
여자들에게는 돈을 벌 수 있다고 하며 일본군 '위안부'로 끌고 갔어요. 어린 나이의 여자들이 많이 희생되었어요.

창씨 개명, 일본식으로 이름 바꾸기
일본식으로 이름을 바꾸지 않으면 쌀을 나누어 주지 않았어요. 그리고 기차표도 살 수 없었고요. 학교 선생님도 혼을 냈어요.

1 일제 강점기 독립운동에 대한 설명으로 맞으면 ○표, 틀리면 ×표 하세요.

(1) 김좌진 장군과 홍범도 장군의 독립군 부대가 일본군을 상대로 싸워 승리하였다. (   )

(2) 의열단과 한인 애국단은 일제의 탄압에 맞서 폭탄 투척 등의 활동을 하였다.   (   )

(3) 국내에서는 한국 사람들이 만든 물건만 사용하자는 운동이 일어났다.   (   )

2 다음 내용의 □ 안에 들어갈 알맞은 말을 쓰세요.

(1) 1920년 □□□ 장군이 이끄는 독립군 등은 봉오동 전투에서 일제에 큰 피해를 입혔다.

(2) 청산리 전투는 일본군과 싸운 전투 중 가장 큰 승리였기에 청산리 □□이라고 부른다.

(3) 순종의 장례를 계기로 국내에서는 □·□□□□□이 일어났다.

3 다음 단체가 나라를 되찾기 위해 한 일을 바르게 연결하세요.

(1) 의열단 ●

(2) 한인 애국단 ●

● ㉠ 조선 총독부에 폭탄 투척

● ㉡ 이봉창이 일왕이 탄 마차에 폭탄 투척

● ㉢ 종로 경찰서에 폭탄 투척

● ㉣ 윤봉길이 상하이 홍커우 공원에서 폭탄 투척

어휘 더하기

의열
옳다[義] + 세차다[烈]

정의감에서 우러나오는 기개가 씩씩하고 열렬함

예 그는 항상 의열이 넘쳐 불의를 보면 참지를 못한다.

1919년 만주에서 김원봉이 조직한 의열단은 의열이 넘치는 행동을 하기 위해 만든 단체로 일제에 타격을 주었어요.

23일차 | 실전 문제

1 다음 (가)에 들어갈 내용으로 옳은 것은 무엇인가요?
( )

제○○호   ○○ **신문**   1905년 △월 △△일

대한 제국, 외교권을 빼앗기다

일제는 고종 황제와 대신들을 위협해 대한 제국의 외교권을 빼앗는 [(가)]의 체결을 강요하였다.

① 톈진 조약   ② 을사늑약
③ 제물포 조약   ④ 강화도 조약
⑤ 한국 병합 조약

2 다음에서 설명하는 지역을 쓰세요. ( )

- 1905년 일제가 시마네현으로 편입
- 을사늑약으로 대한 제국의 영유권 주장을 못함

3 고종이 사진의 인물들을 특사로 네덜란드 헤이그에 파견한 이유는 무엇인가요? ( )

이준   이상설   이위종

① 일제에 진 빚을 갚기 위해서
② 학교를 세워 인재를 양성하기 위해서
③ 임시 정부를 하나로 통합하기 위해서
④ 3·1 운동을 세계에 확산시키기 위해서
⑤ 을사늑약의 부당함을 세계에 알리기 위해서

4 다음 (가)에 들어갈 내용으로 옳은 것은 무엇인가요?
( )

대한 제국 군대 해산 이후 찍은 의병 부대의 사진이다. 이들은 [(가)]을/를 계기로 의병을 일으켰다.

① 을사늑약   ② 경찰권 박탈
③ 외교권 박탈   ④ 순종의 즉위
⑤ 고종 황제 강제 퇴위

5 다음 사건을 순서대로 바르게 나열한 것은 무엇인가요? ( )

(가)   (나)

▲ 안중근 의거   ▲ 고종 강제 퇴위

(다)

▲ 을사늑약 체결

① (가) - (나) - (다)   ② (가) - (다) - (나)
③ (나) - (가) - (다)   ④ (나) - (다) - (가)
⑤ (다) - (나) - (가)

6 다음 (가)에 들어갈 운동은 무엇인가요? (　　　)

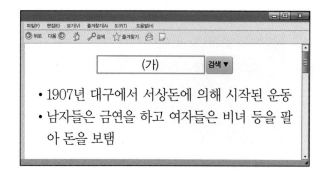

- 1907년 대구에서 서상돈에 의해 시작된 운동
- 남자들은 금연을 하고 여자들은 비녀 등을 팔아 돈을 보탬

① 의병 운동
② 문자 보급 운동
③ 대학 설립 운동
④ 국채 보상 운동
⑤ 문맹 퇴치 운동

7 다음에서 설명하는 인물은 누구인가요? (　　　)

- 역사학자이며 독립운동가
- 『을지문덕전』, 『이순신전』 등의 위인전을 써 우리 민족의 애국심을 높이는 데 노력함

① 신채호
② 안중근
③ 최익현
④ 이회영
⑤ 양기탁

8 빈칸 (가)에 들어갈 단체는 무엇인가요? (　　　)

- 단체: (가)
- 중심 인물: 안창호, 양기탁 등
- 교육 활동: 대성 학교, 오산 학교 설립
- 특징: 비밀 결사 단체

① 신간회
② 신민회
③ 의열단
④ 독립 협회
⑤ 태극 서관

9 일제가 대한 제국의 주권까지 빼앗기 위해 1910년에 체결한 조약은 무엇인지 쓰세요.

(　　　　　　　　)

10 다음과 같은 통치가 전개된 시기를 연표에서 골라 기호를 쓰세요. (　　　)

- 조선 총독부 설치
- 헌병 경찰의 등장
- 사람들이 모이거나 단체를 만드는 것 금지

1905		1910		1919		1929		1945
	(가)		(나)		(다)		(라)	
을사늑약 체결		한국 병합 조약 체결		3·1 운동		광주 학생 항일 운동		광복

11 다음에서 설명하는 일제 강점기의 정책은 무엇인지 쓰세요. (　　　　　)

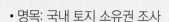

- 명목: 국내 토지 소유권 조사
- 방법: 기한 내에 절차에 따라 신고
- 결과: 한국인의 토지를 빼앗아 헐값에 일본인에게 넘김

12 대한민국 임시 정부에 대한 설명으로 옳지 <u>않은</u> 것은 무엇인가요? (   )

① 상하이에 수립되었다.
② 초대 대통령은 김구였다.
③ 민주 공화제를 정치 체제로 하였다.
④ 1940년에는 한국광복군을 창설하였다.
⑤ 교통국을 통해 국내 단체와 연락하였다.

13 다음 내용과 관련된 단체는 무엇인가요? (   )

> • 만든 사람: 김구
> • 만든 이유: 침체된 임시 정부에 활기를 불
>   어넣기 위해
> • 활동: 이봉창 의거, 윤봉길 의거

① 의열단   ② 신민회
③ 조선 국민단   ④ 한인 애국단
⑤ 대한 독립단

14 일제에 대한 저항 운동을 옳게 연결한 것은 무엇인가요? (   )

① 물산 장려 운동 – 국산품을 애용하자며 일어남
② 물산 장려 운동 – 나라의 빚을 갚기 위해 일어남
③ 6·10 만세 운동 – 한일 학생 차별로 일어남
④ 6·10 만세 운동 – 도쿄의 유학생들에게 자극
   받아 일어남
⑤ 광주 학생 항일 운동 – 순종의 장례식 때 일어남

15 다음 (가)에 들어갈 사건으로 옳은 것은 무엇인가요?
(   )

▲ 봉오동 전투

▲ 일제의 보복으로 간도 지방의
   우리 민족 참변

① 3·1 운동   ② 청산리 대첩
③ 윤봉길 의거   ④ 6·10 만세 운동
⑤ 광주 학생 항일 운동

16 다음 글의 빈칸에 공통으로 들어갈 알맞은 말은 무엇인가요? (   )

> 일본은 1993년에 [   ] 사실을 일부 인정
> 하고 사과했으나 이를 뒤집는 발언과 행동을 계
> 속하고 있다. 이에 많은 시민이 매주 수요일마
> 다 주한 일본 대사관 앞에서 25년이 넘도록 시
> 위를 계속하고 있다. 또 [   ] 피해자들의
> 명예와 인권을 회복하고자 '평화의 소녀상'을 만
> 들어 국내외 여러 곳에 세웠다.

① 친일파   ② 창씨 개명
③ 신사 참배   ④ 토지 몰수
⑤ 일본군 '위안부'

1 다음 〈보기〉에서 알맞은 단어를 골라 밑줄 친 부분을 바르게 고치세요.

> 보기
>
> 퇴위   늑약   의병   관군   의거   열사

(1) 일제는 대한 제국의 외교권을 빼앗는 을사<u>조약</u>을 체결하였다.
→ (   )

(2) 일제의 침략에 대항하기 위해 <u>용병</u>을 조직해 싸우기로 하였다.
→ (   )

(3) 안중근 의사의 <u>테러</u> 행위는 국내 의병들에게 큰 자극을 주었다.
→ (   )

2 빈칸 ㉠~㉢에 들어갈 알맞은 낱말을 바르게 나열한 것은 무엇인가요? (   )

> 소현: 1907년에는 일제에 진 빚을 갚자는 [㉠] 보상 운동이 일어났어.
> 지민: 맞아. 애국 [㉡] 운동 중 하나였어.
> 동윤: 하지만 일제의 방해로 실패했어. 결국 일제의 탄압과 수탈을 견디지 못한 사람들은 만주와 연해주 등지로 [㉢] 하였어.

	㉠	㉡	㉢			㉠	㉡	㉢
①	국채	개화	이주		②	국채	계몽	이주
③	사채	계몽	이민		④	사채	개화	이주
⑤	사채	계몽	이민					

3 빈칸 ㉠~㉢에 들어갈 알맞은 낱말을 〈보기〉에서 찾아 쓰세요.

> 보기
>
> 헌병   보통   병합   일치   독립   통치

한국 ㉠ □□ 조약으로 국권을 빼앗은 일제의 통치에 대해 말해볼까요?

일제는 한국인을 강압적으로 통치하기 위해 ㉡ □□ 경찰을 동원했어요.

우리 민족의 ㉢ □□ 의지를 꺾기 위해 공포 분위기를 만들었어요.

VIII

대한민국

"광복 이후부터 오늘날까지 대한민국은 어떻게 발전해 왔을까요?"

광복을 맞이한 우리 민족은 기쁨에 겨웠고 자유롭고 행복하게 살 꿈에 부풀었어요. 그러나 6·25 전쟁이 일어나 한민족이 남과 북으로 나뉘면서 행복한 꿈이 깨지게 되었어요. 이후 대한민국은 민주적인 국가를 위해 시련을 겪으며 꿋꿋하게 발전을 해 나가게 되었어요.

▲ 4·19 혁명

▲ 5·18 민주화 운동

▲ 6월 민주 항쟁

VIII 대한민국

광복 이후 한반도는 미국과 소련의 개입으로 남과 북으로 나뉘었어요.
광복 이후부터 남북 분단까지 어떤 시련이 있었는지 살펴볼까요?

1945. 8. 15.	1948. 5. 10.	1948. 8. 15.
광복	남한 총선거	대한민국 정부 수립

▲ 광복을 맞이해 만세를 부르는
사람들의 모습

▲ 국제 연합의 결정에 의해 실시된
5·10 총선거

▲ 대한민국 정부 수립 선포식

1961	1972	1980
5·16 군사 정변	7·4 남북 공동 성명 발표	5·18 민주화 운동

▲ 5·16 군사 정변 세력들
(가운데 박정희)

▲ 전라남도 도청 앞에 모인 시민들

대한민국 정부 수립 이후 오랫동안 정치권력을 잡고 있었던 이승만 정부는 독재 정치를 했어요. 이에 시민들은 민주주의를 외치며 독재 정권을 무너뜨리기 위해 혁명을 일으켰어요. 민주주의 실현을 위한 민주화 운동은 어떻게 전개되었을까요?

1950	1953	1960

6·25 전쟁 발발

정전 협정 체결

▲ 한반도 정전 협정 조인식

4·19 혁명

▲ 경찰과 대치해 있는 학생들

1987	1988	2000

6월 민주 항쟁

▲ 대학생 연합 시위

서울 올림픽 대회 개최

제1차 남북 정상 회담

24 일차 광복과 분단

01 우리나라는 어떻게 광복을 맞이했을까?

1945년 8월 15일 정오, 라디오 방송을 듣기 위해 사람들이 집중을 하고 있었어요. 잠시 후 라디오에서 일본 국왕이 연합국에 무조건 항복한다는 내용을 발표했어요. 마침내 우리나라는 오랜 식민 지배에서 벗어나 광복을 맞이하게 되었어요. 사람들은 꿈에 그리던 광복의 기쁨을 누리기 위해 태극기를 들고 거리로 뛰쳐나와 '대한 독립 만세!'를 외쳤어요.

같은 날, 국내에서는 독립운동을 해 오던 여운형이 조선 총독을 만나 국내 문제에 간섭하지 말 것 등을 요구하였어요. 또한 새로운 정부를 건설하기 위해 조선 건국 준비 위원회를 만들고 지방 곳곳에서 사람들의 안전과 질서 유지를 위해 힘썼어요.

광복 이후 우리 민족을 지배하던 일본인들이 떠나고, 국외에 나가 있던 우리나라 사람들이 되돌아왔어요. 독립운동을 위해 조국을 떠났던 사람들, 일제에 강제로 끌려갔던 사람들, 경제적 이유로 떠난 사람들이 하나둘씩 조국으로 돌아왔어요. 여기에는 국외에서 독립운동을 하던 이승만과 김구가 있었어요.

당시 대한민국 임시 정부의 주석이었던 김구는 우리나라가 우리만의 힘으로 광복을 맞이하지 못한 것에 무척 안타까워했어요. 8월 20일 한국광복군이 미국의 도움을 받아 국내에 들어와 일본군을 공격하기로 이미 계획을 세워 두었는데 광복이 먼저 이루어졌기 때문이죠.

우리나라가 광복을 맞이할 수 있었던 것은 단순히 일본이 연합군에 항복했기 때문만은 아니에요. 그동안 우리 민족이 여러 방법으로 독립운동을 펼치며 일본에 맞서 싸운 결과이기도 해요.

낱말 사전

주석
일부 나라에서 가장 높은 자리. 또는 그 자리에 있는 사람

연합군
전쟁에서 둘 이상의 국가가 연합한 군대

▲ 광복을 맞이해 만세를 부르는 사람들의 모습

1 광복을 맞이한 상황에 대한 설명으로 맞으면 ○표, 틀리면 ×표 하세요.

(1) 1945년 8월 15일 우리나라는 광복을 맞이하였다. (   )

(2) 김구는 광복 후 조선 건국 준비 위원회를 조직하였다. (   )

(3) 한국광복군이 국내로 들어와 일본을 공격해 광복을 앞당기게 되었다. (   )

2 다음 인물에 대한 설명을 바르게 연결하세요.

(1)

▲ 김구

(2)

▲ 여운형

(3)

▲ 이승만

ㄱ 광복 후 국내에서 조선 총독을 만나 독립운동가를 석방할 것 등 여러 가지를 요구하였다.

ㄴ 대한민국 임시 정부 초대 대통령으로 주로 외교 활동을 통한 독립운동을 주장하였다.

ㄷ 대한민국 임시 정부를 이끌었고, 한인 애국단을 결성하였다.

어휘 더하기

광복
빛[光] + 회복하다[復]

대한민국은 일제의 지배로부터 해방입니다!

다른 나라의 지배에서 벗어나 주권을 되찾는 것

예 일제의 지배에 맞서 끈질기게 독립을 위해 노력한 사람들의 희생으로 광복을 맞이하였다.

광복과 비슷한 말로 해방(解放)이 있어요.

02 한반도는 왜 둘로 나누어졌을까?

광복을 맞이했지만 한반도의 상황은 여전히 불안정했어요. 미국과 소련이 38도선을 기준으로 한반도를 남과 북으로 나누더니 미국은 남쪽 땅에, 소련은 북쪽 땅에 군대를 주둔하고 영향력을 확대하기 시작했기 때문이에요. 38도선은 지도상에 그어진 가상의 선으로 처음에는 민족 분단의 선은 아니었어요.

▲ 38도선의 모습

나라 안팎에서 독립을 위해 힘쓰던 민족 지도자들은 조선 건국 준비 위원회를 조직하여 새 나라를 세우기 위해 바쁘게 움직였어요. 하지만 우리 민족의 독립에는 별 관심이 없었던 미국은 대한민국 임시 정부를 비롯한 여러 단체와 조선 건국 준비 위원회를 인정하지 않았어요.

1945년 12월 모스크바에서 미국, 영국, 소련의 외무장관들이 모여 우리나라 정부 수립을 두고 회의를 했어요. 이 회의를 '모스크바 3국 외상 회의'라고 해요. 회의 결과 한반도에 임시 정부를 세운 뒤에 미국, 소련, 영국, 중국 네 나라가 임시 정부와 의논하여 5년 동안 신탁 통치를 실시하기로 결정했어요.

이와 같은 결정에 우리나라는 참여하지 못했어요. 회의 내용이 알려지자 신탁 통치를 결사적으로 반대하는 사람들도 있었고, 먼저 민주주의 정부를 세운 뒤 신탁 통치 기간을 줄이자는 사람들도 있었어요.

낱말 사전

소련
15개 국가로 이루어진 최초의 사회주의 국가

주둔
군대가 임무 수행을 위하여 일정한 곳에 집단적으로 얼마 동안 머무름

외무장관
국가의 외교 업무를 담당하는 부서의 책임자

<모스크바 3국 외상 회의 결정 사항>
• 한국에 임시 민주주의 정부를 수립한다.
• 미국과 소련의 대표로 구성된 공동 위원회를 조직한다.
• 미국, 소련, 영국, 중국 4개국이 한국의 임시 민주 정부와 협의하여 최고 5년 동안 신탁 통치를 실시한다.

신탁 통치만 보지 말고 민주주의 정부를 수립한다는 내용을 믿고 지지합시다.

신탁 통치는 일본의 식민 통치와 다를 것이 없습니다. 신탁 통치를 반대합니다.

1 광복 이후 한반도 상황에 대한 설명으로 맞으면 ○표, 틀리면 ×표 하세요.

(1) 38도선을 기준으로 남쪽에는 소련이, 북쪽에는 미국이 군대를 주둔하였다. (　　　)

(2) 미국은 조선 건국 준비 위원회는 인정하지 않았지만 대한민국 임시 정부는 인정해 주었다. (　　　)

(3) 1945년 12월 미국, 영국, 소련의 외무장관이 모스크바에서 한반도 문제를 논의하였다. (　　　)

2 다음 대화에서 미국과 연관되어 있는 내용을 설명한 두 학생의 이름을 쓰세요. (　　　,　　　)

3 다음 빈칸에 들어갈 알맞은 내용을 쓰세요. (　　　　　　)

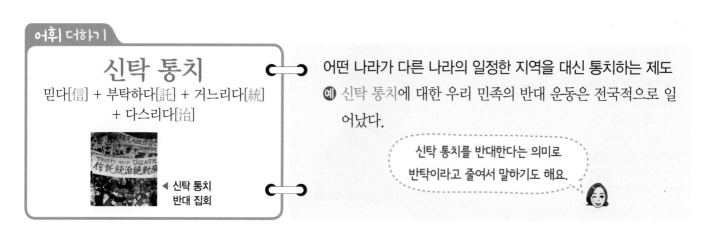

25일차 대한민국 정부 수립

01 한반도에 하나의 정부를 세우기 위해 했던 노력은 무엇이었을까?

한반도에서 통일 정부를 세우는 문제에 대해 미국과 소련의 생각은 많이 달랐어요. 결국 미국은 한국의 정부 수립 문제를 국제 연합(UN)에 넘겼고, 국제 연합은 남북한 총선거를 실시해 한반도에 하나의 정부를 세우기로 결정했어요. 그리고 그 과정을 감독하기 위해 국제 연합은 한국 임시 위원단을 한반도에 보냈어요. 하지만 소련과 북한은 이 결정을 반대하고 한국 임시 위원단이 북쪽에 들어오지 못하도록 했어요. 결국 국제 연합은 한국에서 선거가 가능한 지역에서만 총선거를 하기로 결정했어요.

국제 연합의 결정에 이승만과 그의 지지자들은 적극 환영한다는 의사를 표하였지만, 김구와 김규식을 중심으로 한 사람들은 북한과 의논하여 하나의 정부를 세우자고 주장하였어요. 남한에서만 선거를 하면 한반도가 남과 북으로 나누어질 것이라고 생각했기 때문이에요. 이에 그치지 않고 김구와 김규식은 38도선을 넘어 북한으로 건너가 김일성을 비롯한 북한의 정치가들과 하나의 정부를 세우기 위한 몇 가지 사항을 합의하고 돌아왔어요. 1948년 4월 남한만의 단독 선거에 반대한다는 성명을 발표하기도 하였어요. 그러나 이와 같은 노력에도 불구하고 남한에서만 총선거가 이루어지고 말았어요.

남한의 총선거는 5월 10일에 실시되었어요. 우리 국민은 이 선거에서 첫 국회의원을 선출했어요. 이 선거를 통해 당선된 국회의원은 우리나라의 이름을 '대한민국'이라고 정했어요. 그리고 우리나라를 운영하는 최초의 법인 헌법을 만들어 발표했는데 이것을 기념하는 날이 7월 17일 제헌절이에요. 그리고 이 국회의 이름을 제헌 국회라고 해요.

낱말 사전

국제 연합(UN)
국제 사회의 평화와 안전을 지키기 위해 세운 기구

성명
어떤 일에 대한 자기의 입장이나 견해 또는 방침 등을 발표함

제헌 국회
헌정 사상 최초로 구성된 의회로서, 헌법을 제정했기 때문에 제헌 국회라 함

나 또한 통일 정부에 대한 기대는 있으나 내 생각으로는 어려울 것으로 보입니다. 남쪽만이라도 임시 정부를 만들고 38도선 이북에서 소련이 물러가도록 세계 여론에 호소해야 합니다.
(1946. 6.)

▲ 이승만

마음속의 38도선이 없어져야 땅 위의 38도선도 없어질 수 있습니다. 내 유일한 바람은 통일된 조국을 만드는 것입니다.

▲ 김구

1 다음 내용의 □ 안에 들어갈 알맞은 말을 쓰세요.

(1) 미국은 한반도 정부 수립 문제를 □□ □□에 넘겼다.

(2) 국제 연합은 남북한 □□□를 실시해 하나의 정부를 세우기로 결정하였다.

(3) □□ □□□에서 우리나라 이름을 '대한민국'이라고 정하고 헌법을 만들고 공포하였다.

2 다음 결정에 찬성한 사람은 '찬', 반대한 사람은 '반'이라고 쓰세요.

> 국제 연합은 최종적으로 한반도에서 선거가 가능한 남한만의 총선거를 실시하도록 결정하였다.

(1) 김구 (   )   (2) 김규식 (   )   (3) 이승만 (   )

3 다음 사건을 일어난 순서대로 나열하세요. (   )

(가)	(나)	(다)	(라)

김구와 김규식이 북한으로 가 지도자를 만남	헌법을 만들어 선포	5·10 총선거 실시	국제 연합이 남한에서만 총선거를 실시하기로 결정

어휘 더하기

총선거
모두[總] + 가리다[選] + 들다[擧]

국회의원 전부를 한꺼번에 뽑는 선거

예 이번 총선거는 투표율이 매우 높았다.

> 오늘날 대통령을 뽑는 선거를 대선,
> 국회의원을 뽑는 선거를 총선이라고 불러요.

02 대한민국 정부는 어떻게 만들어졌을까?

최초로 만들어진 헌법에는 3·1 운동의 정신을 계승하고, 대한민국 임시 정부를 이어 민주 독립 국가를 재건하며, 동포애를 중요시하여 통일 정부를 지향한다는 내용을 담고 있어요.

> 우리들 대한 국민은 기미년(1919년) 3·1 운동으로 대한민국을 건립하여 세계에 선포한 위대한 독립 정신을 계승하여, 이제 민주 독립 국가를 재건함에 있어서 정의, 인도와 동포애로써 민족의 단결을 공고히 하며, 모든 사회적 폐습을 타파하고 민주주의 여러 제도를 수립하여 …… – 1948년 7월에 선포된 '제헌 헌법' 중 –

우리나라가 민주 공화국임을 밝힌 제헌 헌법에 따라 국회에서는 이승만을 대한민국의 초대 대통령으로, 이시영은 부통령으로 선출했어요. 1948년 8월 15일, 광복한 지 3년 만에 대한민국 정부가 수립되었어요. 그리고 1948년 12월 국제 연합 총회에서 대한민국이 합법 정부임이 승인되었어요.

북한에서도 김일성이 공산 정권 수립을 준비하고 있었고 총선거가 열렸어요. 이 선거는 최고 인민 회의의 대의원을 뽑는 찬반 투표였어요. 당선된 대의원은 북한의 헌법을 만들었고, 초대 수상에 김일성을 뽑았어요. 남한에 정부가 수립된 지 약 한 달 뒤인 1948년 9월, 북한에서는 조선 민주주의 인민 공화국이 세워진 거예요.

이렇게 남과 북에 서로 성격이 다른 두 정부가 세워지면서 한반도는 남과 북으로 나누어지게 되었어요.

낱말 사전

재건
건물이나 조직 등을 다시 일으켜 세움

동포애
같은 동포끼리 서로 아끼는 마음

폐습
나쁜 버릇

초대
어떤 일에 경험이 없이 처음으로 하는 사람

▲ 1948년 8월 15일에 거행된 대한민국 정부 수립 선포식 모습
상단 현수막에 '대한민국 정부 수립 국민 축하'라는 문구가 적혀 있다.

1 다음 헌법에 대해 <u>잘못</u> 설명한 학생의 이름을 쓰세요. (　　　　　)

> 우리들 대한 국민은 기미년(1919년) 3·1 운동으로 대한민국을 건립하여 세계에 선포한 위대한 독립 정신을 계승하여, 이제 민주 독립 국가를 재건함에 있어서 정의, 인도와 동포애로써 민족의 단결을 공고히 하며, 모든 사회적 폐습을 타파하고 민주주의 여러 제도를 수립하여 ……

- 3·1 독립 운동 정신을 계승한다는 내용이 담겨 있어. (수연)
- 동포애를 중시하며 통일 정부를 지향한다는 내용을 담고 있어. (영운)
- 조선 민주주의 인민 공화국 탄생 헌법이야. (윤지)

2 다음 빈칸에 들어갈 알맞은 내용을 쓰세요. (　　　　　　　　　　)

| 제헌 국회가 헌법 발표 (1948. 7. 17.) | → | 대한민국 정부 수립 (1948. 8. 15.) | → | 국제 연합 총회에서 _____ (1948. 12.) |

3 다음 내용의 ☐ 안에 들어갈 인물은 누구인지 쓰세요.

(1) 제헌 국회에서는 ☐☐☐을 대한민국의 초대 대통령으로 선출하였다.

(2) 북한의 대의원은 최고 인민 회의를 구성하고 초대 수상에 ☐☐☐을 뽑았다.

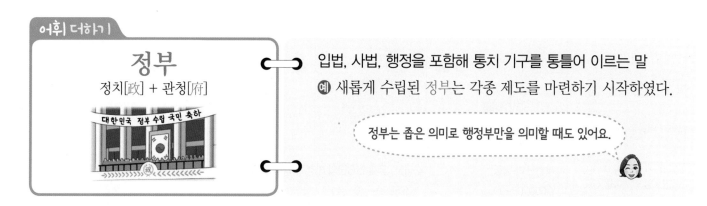

어휘 더하기

정부
정치[政] + 관청[府]

대한민국 정부 수립 국민 축하

입법, 사법, 행정을 포함해 통치 기구를 통틀어 이르는 말
예 새롭게 수립된 정부는 각종 제도를 마련하기 시작하였다.

> 정부는 좁은 의미로 행정부만을 의미할 때도 있어요.

26 일차   6·25 전쟁

01 6·25 전쟁은 어떻게 전개되었을까?

1950년 6월 25일 일요일 새벽, 북한군이 기습적으로 38도선을 넘어 공격을 해 왔어요. 소련제 탱크를 앞세운 북한군은 빠른 속도로 수도 서울을 향해 내려왔고, 결국 서울은 전쟁이 일어난 지 3일 만에 북한군에 빼앗겼어요.

전쟁이 시작된 지 얼마 되지 않아 국제 연합군이 남한에 도착했지만 거세게 밀고 내려오는 북한군을 막기는 힘들었어요. 전쟁이 시작된 지 두 달 만에 북한군은 낙동강 아래쪽만 남기고 남한 지역을 모두 차지했어요.

우리 정부는 부산을 임시 수도로 삼고 북한군에 맞서 싸웠어요. 북한이 계속 공격을 하고 남한은 겨우 버티는 가운데 상황이 역전되는 일이 생겼어요. 맥아더를 총사령관으로 하는 국제 연합군과 국군이 인천 상륙 작전을 펼쳐 성공한 거예요. 1950년 9월 28일 남한은 서울을 되찾았고, 그 기세를 몰아 국군과 국제 연합군은 38도선을 넘어 북으로 올라갔어요. 마침내 국군과 국제 연합군이 평양을 차지하고 압록강까지 올라갔어요. 그러나 중국군의 개입으로 국군과 국제 연합군은 남쪽으로 물러날 수밖에 없었고, 결국 서울에서 철수하게 되었어요(1·4 후퇴).

중국군이 개입한 뒤로 남과 북은 서울을 빼앗고 뺏기는 등 38도선을 중심으로 치열한 전쟁을 계속하게 돼요. 전쟁의 끝이 보이지 않자 소련의 중재로 정전 협상이 진행되었어요. 협상이 시작된 지 2년 후인 1953년 7월에 정전 협정이 체결되면서 휴전선이 놓이고 전쟁이 중단됐어요.

낱말 사전

역전
형세가 뒤집힘

개입
자신과 직접적인 관계가 없는 일에 끼어듦

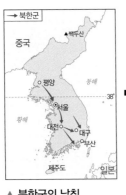

▲ 북한군의 남침
〈1950. 6.~9.〉

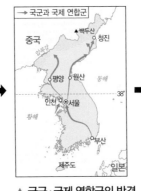

▲ 국군·국제 연합군의 반격
〈1950. 9.~10. 24.〉

▲ 중국군의 개입
〈1950. 10. 19.~1951. 3.〉

▲ 전선 굳어짐. 휴전
〈1951. 3.~1953. 7.〉

스토리 씽킹

1 1950년 6월 25일 북한이 남한을 침략하면서 한반도에 큰 피해를 준 전쟁을 무엇이라고 하는지 쓰세요.

(   )

2 빈칸 ㉠~㉢에 들어갈 알맞은 말을 쓰세요.

6·25 전쟁이 시작되고 얼마 지나지 않아 ㉠⬜⬜⬜ 남쪽만 남기고 북한에 다 빼앗겼잖아.

맞아. 그래도 국군과 국제 연합군이 함께 ㉡⬜⬜⬜⬜ 작전을 성공시켜 전세를 역전시켰지.

그래서 국군과 국제 연합군이 압록강까지 올라갔지만 ㉢⬜⬜⬜이 개입할 줄이야.

3 6·25 전쟁의 전개 과정을 순서대로 나열하세요. (   )

(가)   (나)   (다)   (라)

어휘 더하기

정전
멈추다[停] + 전쟁[戰]

▲ 한반도 정전 협정 조인식(1953. 7. 27.)

교전 중에 있는 양방이 합의에 따라 일시적으로 전쟁을 중단하는 일

예 정전 합의로 두 나라 관계가 평화로 한걸음 나아가게 되었다.

정전과 비슷한 말로 휴전(休戰)이 있어요.

02 6·25 전쟁으로 우리나라는 어떻게 되었을까?

정전 협정이 체결되면서 국군과 국제 연합군, 북한군과 중국군은 서로를 향해 겨누었던 총을 잠시 내려놓았어요. 6·25 전쟁은 이렇게 끝이 났지만 사람들은 오랫동안 어려움을 겪었어요. 전쟁으로 입은 피해를 복구하기까지 많은 시간이 걸렸어요.

조사 자료에 따르면 당시 남북한 인구의 절반이 넘는 사람들이 피해를 입었다고 해요. 전투에 직접 나가 싸웠던 군인을 비롯해서 피란을 다니던 민간인 등 많은 사람들이 다치거나 죽었어요. 전쟁으로 부모를 잃은 아이들이 생겨나면서 수많은 전쟁고아들이 오갈 곳 없이 홀로 남게 되었지요. 또한 피란을 가는 과정에서 많은 사람들이 가족과 뿔뿔이 헤어졌어요. 전쟁이 끝난 뒤에도 만나지 못한 채 이산가족이 되었지요. 이후로 여러 번 이산가족 상봉 행사가 열렸지만 오늘날까지도 많은 이산가족들이 서로를 그리워하며 마음 아파하고 있어요.

또한 6·25 전쟁에서 군인들은 전진과 후퇴를 거듭하며 전쟁을 계속했기 때문에 한반도 전체에 물적 피해도 컸어요. 약 3년이라는 시간 동안 총알과 폭탄이 한반도에 쏟아지면서 우리 국토는 황폐해지고 말았지요. 건물과 도로, 공장과 철도 등의 시설이 파괴되었고, 논과 밭은 손쓸 수 없게 망가졌어요. 우리나라 곳곳은 부서진 건물의 잔해들로 뒤덮였지요. 사람들은 먹을 것조차 제대로 구하지 못해 배고픔과 가난으로 어려움을 겪었어요. 우리의 소중한 문화유산들도 불에 타 없어지거나 부서지고 훼손되었어요.

6·25 전쟁은 남북한 모두에게 씻을 수 없는 상처를 남겼어요. 전쟁의 상처를 회복하는 일은 남북한이 평화 통일을 이루는 날까지 우리의 과제로 남아 있답니다.

낱말 사전

피란
전쟁을 피해 다른 곳으로 옮겨 감

전쟁고아
전쟁으로 부모를 잃은 아이

이산가족
이리 저리 흩어져서 서로 소식을 모르는 가족

잔해
부서지거나 못 쓰게 되어 남아 있는 물체

▲ 전쟁고아

▲ 6·25 전쟁으로 폐허가 된 도시

1 6·25 전쟁에 대한 설명으로 맞으면 ○표, 틀리면 ×표 하세요.

(1) 군인들의 피해는 컸지만 다행히 민간인 피해는 없었다.   (   )

(2) 소중한 문화유산들이 불에 타 없어지거나 부서지고 훼손되었다. (   )

2 다음 내용의 □ 안에 들어갈 알맞은 말을 쓰세요.

(1) □□ 협정 체결로 3년간의 6·25 전쟁이 사실상 끝이 났다.

(2) 전쟁으로 인해 가족이 서로 헤어져 만나지 못하는 □□□□과 부모를 잃은 전쟁고아들이 많이 생겨났다.

3 '6·25 전쟁 이후 남한의 모습'이라는 주제로 사진전을 열려고 할 때 〈보기〉에서 어울리지 <u>않는</u> 사진을 골라 기호를 쓰세요. (   )

보기

ㄱ ▲ 폐허가 된 도시   ㄴ ▲ 전쟁고아   ㄷ ▲ 대한민국 정부 수립

어휘 더하기

이산가족
헤어지다(離)＋흩어지다(散)＋집(家)＋겨레(族)

◀ 이산가족 찾기 운동

남북 분단 등의 사정으로 이리저리 흩어져서 서로 소식을 모르는 가족

예 피란길에서 가족이 뿔뿔이 헤어져 이산가족이 되었다.

이산(離散)은 헤어져 흩어지는 것을 의미해요.

27일차 민주주의의 시련과 발전

01 4·19 혁명이 남긴 것은 무엇일까?

6·25 전쟁이 한창 벌어지고 있던 1952년 이승만 정부는 헌법을 바꾸어 두 번째로 대통령이 되었어요. 또한 2년 뒤에는 계속해서 대통령이 될 수 있게 다시 헌법을 바꾸었어요. 이승만은 두 번이나 헌법을 고쳐 무려 12년 동안 대통령의 자리에 있으면서 독재 정치를 하였어요.

1960년 3월 15일 대통령과 부통령을 뽑는 선거에서도 이승만은 당선이 확실하였어요. 상대 대통령 후보가 갑작스럽게 세상을 떠났기 때문이죠. 이제 중요한 건 부통령 자리였어요. 이승만 정부는 자신과 같은 당인 이기붕을 부통령에 당선시키기 위해 부정 선거를 벌였어요. 투표함을 바꿔치기하고, 이기붕을 찍은 투표용지를 몰래 투표함에 더 넣고, 사람들이 이기붕에게 투표하는지 감시하는 등 부정한 방법을 동원하였어요.

여기저기에서 부정 선거에 항의하는 시위가 벌어졌어요. 그러던 어느 날 시위 중에 최루탄에 맞아 죽은 학생의 시신이 마산 앞바다에 떠올랐어요. 이에 더욱 분노한 학생들과 시민들은 4월 19일에 서울과 광주, 부산 등 전국 곳곳에서 '부정 선거 다시 하라! 이승만 정권 물러가라!'라고 구호를 외치며 시위를 벌였어요. 이승만 정부는 이들에게 최루탄과 총을 쏘아 시위를 막아보려 했지만 시위는 멈추지 않았어요.

학생들과 시민들의 저항이 점점 거세지자 결국 이승만 대통령은 대통령직에서 물러났어요. 학생들과 시민들이 힘을 모아 독재 정권을 무너뜨린 거예요. 이와 같은 시위를 '4·19 혁명'이라고 해요. 4·19 혁명은 이후에도 전개된 민주화 운동에 큰 영향을 주었어요.

낱말 사전

독재
어떤 사람이나 집단이 모든 권력을 쥐고 마음대로 지배하는 것

최루탄
눈물을 흘리게 하는 물질을 넣은 탄알

▲ 4·19 혁명
경찰과 대치해 있는 학생들

▲ 이승만 대통령이 대통령직에서 물러난다는 소식을 듣고 있는 시민

1 다음 자료를 보고 ( ) 안의 단어 중 옳은 것을 골라 ○표 하세요.

> <3·15 부정 선거 사례>
> 투표함 바꿔치기, 미리 표시되어 있는 투표용지 투표함에 넣기, 누구를 뽑았는지 볼 수 있게 투표 감시하기, 투표소에 여러 명이
> 같이 들어가 서로 볼 수 있게 투표하기

(1) 부정 선거를 한 이유는 부통령에 (이승만, 이기붕)을 당선시키기 위해서였다.

(2) 부정 선거가 원인이 되어 (4·19 혁명, 6·25 전쟁)이 일어났다.

2 다음 사건을 일어난 순서대로 나열하세요. ( )

(가)
3·15 부정 선거

(나)
최루탄에 맞아 죽은 학생 시신 발견

(다)
이승만의 헌법 수정

(라)
4월 19일 전국 곳곳에서 시위 발생

3 민주화 운동 카드를 만들려고 할 때 (가)에 들어갈 알맞은 구호를 쓰세요. ( )

> 〈사진 뒷면〉
> • 명칭: 4·19 혁명
> • 시기: 1960년
> • 민주화 운동의 이유: 이승만 대통령의 장기 독재, 3·15 부정 선거
> • 시민들이 외친 구호: [(가)]
> • 결과: 이승만 대통령의 장기 독재 몰락

어휘 더하기

부정 선거
아니다[不]+바르다[正]+가리다[選]+들다[擧]

정당하지 못한 수단과 방법으로 행해진 선거

예 그는 이번 총선에서 부정 선거를 감시하는 자원 봉사자로 나섰다.

> 부정 선거의 반대말은 공명 선거예요.

02 5·18 민주화 운동과 6월 민주 항쟁은 어떻게 전개되었을까?

이승만 대통령이 물러나고 새로운 정부가 들어섰지만 나라는 여전히 혼란스러웠어요. 1961년 5월 16일 군인이었던 박정희가 군사 정변을 일으켰어요. 무력으로 권력을 잡은 박정희는 1963년 대통령 후보로 출마해 대통령에 당선되었고, 이후 17년 동안 독재 정치를 하며 대통령 자리에 있었어요. 그러던 중 박정희 대통령이 갑작스럽게 총에 맞아 사망하며 독재 정부가 막을 내렸어요. 국민들은 이제 민주주의가 실현되기를 희망했지만 전두환 등 일부 군인들이(신군부) 또다시 군대를 앞세워 권력을 장악했어요.

1980년 5월 18일 광주에서 시민들과 학생들이 민주화를 요구하며 시위를 벌였어요. 이를 '5·18 민주화 운동'이라고 해요. 전두환은 시민들의 민주화 요구를 폭력적으로 진압한 후 대통령이 되어 독재 정치를 하였어요. 민주화를 바라는 광주 시민들의 희생은 이후 우리나라 민주화 운동에 밑거름이 되었어요.

새로운 대통령을 뽑는 선거를 앞두고 국민들은 국민의 손으로 직접 대통령을 뽑도록 헌법을 고쳐야 한다며 시위를 벌였어요. 박정희 대통령과 전두환 대통령 때 계속 헌법을 바꿔 대통령을 간접 선거(간선제)로 뽑았기 때문이에요. 그러던 중 대학생인 박종철이 경찰의 고문으로 죽었다는 기사가 나자 시민들의 분노는 더욱 거세졌어요. 1987년 6월 시민, 농민, 학생, '넥타이 부대'라고 불린 회사원들까지 시위에 참여해 전두환 정부의 독재에 저항했어요. 이 민주화 운동을 '6월 민주 항쟁'이라고 해요. 결국 전두환 정부는 국민들의 요구를 들어주었고, 이제 대통령은 국민의 손으로 직접 뽑을 수 있게 되었어요. 이를 '대통령 직선제'라고 불러요.

낱말 사전

진압
강압적인 힘으로 억눌러 진정시킴

항쟁
맞서 싸움

▲ 5·18 민주화 운동

▲ 6월 민주 항쟁

1 다음 설명이 맞으면 ○표, 틀리면 ×표 하세요.

(1) 박정희는 5·16 군사 정변으로 정권을 잡았다. ( )

(2) 전두환은 군대를 이용해 권력을 장악하였다. ( )

(3) 6월 민주 항쟁의 결과 국민이 직접 대통령을 뽑는 선거가 실시되었다. ( )

2 다음 내용을 일어난 순서대로 나열하세요. ( )

(가)

대통령 직선제가 실시되었다.

(나)

박정희가 5·16 군사 정변을 일으켰다.

(다)

전두환이 대통령으로 당선되었다.

(라)

이승만의 독재 정치가 막을 내렸다.

3 다음 내용이 5·18 민주화 운동에 해당하면 '5', 6월 민주 항쟁에 해당하면 '6'이라고 쓰세요.

(1) 광주에서 민주화를 요구하며 시위를 벌였다. ( )

(2) '넥타이 부대'라는 회사원 시위대가 등장하였다. ( )

(3) 박종철 학생의 죽음이 불씨가 되어 대규모 시위가 벌어졌다. ( )

어휘 더하기

직선제
곧다[直] + 가리다[選] + 제도[制]

(경) 직선제 실시 (축)

직접 선거 제도

예 6월 민주 항쟁으로 대통령 직선제가 이루어졌다.

> 대통령 직선제는 국민 전체가 선거에 참여해 대통령을 뽑는 것을 말해요.

28일차 경제 성장과 사회·문화의 변화

01 경제 성장을 위해 펼친 노력은 무엇일까?

6·25 전쟁이 끝난 직후 우리나라는 대부분의 시설이 파괴되어 경제적으로 어려운 상황이었어요. 박정희 정부는 무엇보다 나라의 경제를 일으키는 일이 중요하였다고 생각하고 1962년부터 4차례에 걸친 경제 개발 5개년 계획을 세우고 실시했어요. 그 결과 매년 경제 성장을 이루었고, 이러한 경제 발전 모습은 '한강의 기적'이라 불리기도 했어요.

제1차, 제2차 경제 개발 5개년 계획을 추진할 때에는 가발, 신발, 섬유 제품 등을 수출하였어요. 이후 제3차, 제4차 경제 개발 5개년 계획이 추진되면서 점차 기술력이 필요한 기계, 전자, 자동차 등도 수출하기 시작했어요. 경제 개발을 위한 부족한 자금은 미국의 요청으로 베트남 전쟁에 군대를 파병하고 지원을 받아 해결하기도 했어요. 이 자금으로 포항 제철을 비롯한 제철소와 조선소, 자동차 공장 등이 세워졌고, 서울과 부산을 연결하는 경부 고속 국도가 놓였어요.

경제 성장으로 도시와 농촌의 격차가 더욱 벌어지지 시작했어요. 정부는 낙후된 농촌을 잘 살게 하기 위해 새마을 운동을 전개했어요. 근면, 자조, 협동 이렇게 3대 정신을 내걸고 농촌 생활환경을 개선해 나갔어요.

1996년에는 경제 협력 개발 기구(OECD)에 가입하며 선진국과 어깨를 나란히 할 정도로 경제가 발전하였지만 곧바로 경제 위기가 닥쳐 국제 통화 기금(IMF)의 긴급 금융 지원을 받기도 했어요. 그러나 국민들의 노력과 정부의 의지로 위기를 돌파한 한국은 2011년에 이르러 세계 10위권의 무역 대국으로 성장했어요.

낱말 사전

제철소
불로 철광석을 녹여 철을 뽑아내는 일을 하는 곳

조선소
배를 만들거나 고치는 곳

낙후
기술이나 생활 등 수준이 기준에 미치지 못하고 뒤떨어짐

자조
자기 발전을 위해 스스로 애씀

▲ 100억 달러 수출의 날 기념식(1977)

▲ 새마을 운동

스토리 씽킹

1 다음 내용의 □ 안에 들어갈 알맞은 말을 쓰세요.

(1) 1960, 1970년대에 빠르게 경제가 성장한 모습을 '□□□ □□'이라고 부르기도 하였다.

(2) 경제 개발에 부족한 자금은 미국의 요청으로 □□□ □□에 군인들을 파병한 대가로 미국에서 지원받았다.

(3) 1970년대에 농촌을 잘 살게 해서 도시와 격차를 줄이자는 □□□ □□이 전개되었다.

2 서로 관련 있는 내용끼리 바르게 연결하세요.

(1) | 제1, 2차 경제 개발 5개년 계획 | ●

(2) | 제3, 4차 경제 개발 5개년 계획 | ●

(3) | 새마을 운동 | ●

● ㉠ | 근면, 자조, 협동 |

● ㉡ | 가발, 신발, 섬유 제품 수출 |

● ㉢ | 기계, 전자, 자동차 수출 |

3 다음 내용이 들어갈 알맞은 시기를 연표에서 골라 기호를 쓰세요. (   )

| 경제 협력 개발 기구(OECD)에 가입해 선진국 대열에 올라섬 |

1950		1962		1972		1980		1988		2011
	(가)		(나)		(다)		(라)		(마)	
6·25 전쟁 발발		제1차 경제 개발		제3차 경제 개발		5·18 민주화 운동		서울 올림픽 대회 개최	무역 10위권 국가로 성장	

어휘 더하기

격차
사이가 뜨다[隔] + 다르다[差]

빈부, 임금, 기술 수준 따위가 서로 벌어져 다른 정도

예 도시와 농촌 간의 빈부 격차가 사회 문제로 떠올랐다.

> 빈부 격차, 임금 격차, 기술 격차, 교육 격차 등 차이가 나는 현상에 많이 쓰이고 있어요.

02 생활 모습은 어떻게 바뀌었을까?

1980년대 들어서 나라의 경제가 안정되었어요. 기업들은 수출을 늘렸고 국민들의 소득은 빠르게 늘어났어요. 도시 사람들은 텔레비전이나 냉장고를 갖추고 자동차를 가진 사람도 점차 늘어났어요. 서울에서는 아파트를 더 많이 짓기 위해 낡은 집들을 허물기도 했어요.

빠른 경제 성장이 우리에게 좋은 것만 가져다 준 것은 아니었어요. 1970년 4월 8일 시민 아파트로 지어진 와우 아파트 한 동이 무너져 사상자를 냈어요. 6개월 동안에 지어진 아파트가 4개월 만에 무너진 것이지요.

또한 경제가 성장할수록 노동자들의 희생도 커졌어요. 당시 고된 노동에 시달리다가 노동 운동을 하게 된 전태일이라는 청년이 있었어요. 그는 어린 나이의 노동자들이 일주일에 98시간씩 일을 하며 쉬지도 못했던 당시 상황을 조금이라도 개선하려 했지요.

그럼에도 빠른 경제 성장은 도시 성장을 가져왔어요. 많은 사람들이 일자리를 찾아 도시로 몰려들었어요. 인구가 폭발적으로 증가한 도시는 주택 문제, 환경 문제, 교통 문제가 나타났어요. 반면 농어촌은 인구 감소 문제, 병원 등 편의 시설 부족 문제, 도시와의 격차 문제 등이 나타났어요.

한편 라디오, 텔레비전 등 대중 매체의 보급과 함께 대중문화가 발달했어요. 1960년대에는 텔레비전 방송이 시작되어 온 국민의 시선을 모았어요. 1980년대에는 컬러텔레비전이 보급되어 대중문화 발전에 큰 역할을 했어요. 1995년에는 케이블 TV가 개국하면서 시청자의 채널 선택권이 확대되었고, 2000년대 이후에는 인터넷이 새로운 매체로 떠올랐고 현재는 스마트폰이 중요한 매체로 자리 잡고 있어요.

낱말 사전

대중 매체
신문, 잡지, 텔레비전 같이 많은 사람에게 정보를 전달하는 매체

개국
방송국 등이 처음으로 업무를 시작함

▲ 전태일 동상

▲ 초기 텔레비전

1 다음 내용의 □ 안에 들어갈 알맞은 말을 쓰세요.

(1) 라디오, 텔레비전 등 대중 매체의 보급으로 □□□□가 발달하였다.

(2) 1995년에는 □□□ TV가 개국하여 국민들의 채널 선택권이 넓어졌다.

2 빠른 경제 성장으로 인해 도시와 농촌에서 나타난 문제점을 □ 안에 쓰세요.

도시

(1) □□ 문제

(2) □□ 문제

농촌

(3) □□ 감소 문제

(4) □□□□ 부족 문제

어휘 더하기

소득
바, 것[所] + 얻다[得]

○━━○ 일한 결과로 얻은 정신적 · 물질적 이익

🔵 국민들의 소득은 빠르게 증가했지만 그에 따른 많은 문제
점도 발생하였다.

물질적 · 정신적으로 보탬이 되어 얻는
것을 이득(利得)이라고 해요.

29일차 대한민국의 미래와 평화 통일

01 평화 통일을 위한 노력의 발자취는 어떠했을까?

1970년대부터 남북한은 다시 하나가 되기 위한 노력을 전개했어요. 1972년에 7·4 남북 공동 성명을 발표하였는데 자주, 평화, 민족 대단결의 원칙에 따라 통일해야 한다는 내용을 담고 있어요. 이후 논의되는 모든 통일에 관한 사항은 이 성명을 기본으로 하게 되었어요.

1980년대에 이산가족 상봉이 있었어요. 6·25 전쟁으로 흩어져 이산가족이 된 가족 중 일부가 1985년에 만나게 되면서 우리가 하나의 민족이라는 사실을 다시 한번 알게 되었어요.

1991년 4월 남과 북은 스포츠를 통해 교류를 시작했어요. 일본에서 열린 세계 탁구 선수권 대회에서 남과 북이 'KOREA'라는 이름의 단일팀으로 참가했어요. 같은 해 9월 남북한은 동시에 국제 연합(UN)에 가입하면서 국제 사회의 이목을 집중시켰어요. 또한 '남북 기본 합의서'를 채택해 상대방의 체제를 인정하고 서로 싸우지 않기로 합의하였어요. 서로의 체제를 인정하고 미래의 통일을 함께 준비하자는 내용이었어요.

김대중 정부가 들어서면서 북한과 화해 협력을 하자는 정책, 즉 '햇볕 정책'을 통해 화해 분위기가 무르익고 본격적인 경제 협력도 하기 시작했어요. 2000년 김대중 대통령은 북한의 평양을 방문해 김정일 국방 위원장을 만나 통일과 협력에 관해 논의하고 '6·15 남북 공동 선언'을 발표했어요. 통일에 대해 긍정적으로 논의하자는 내용과 남과 북의 신뢰를 회복하자는 내용이었어요.

남과 북이 분단 이후 1970년대부터 지금까지 평화 통일을 위해 노력하고 있어요. 때로는 북한의 무력 도발 등으로 냉랭한 기운이 전해질 때도 있지만 남과 북이 서로 양보하고 이해하려는 노력은 지금도 계속되고 있어요.

낱말 사전

상봉
서로 만남
교류
문화나 사상 등이 서로 통함
이목
귀와 눈
도발
남을 집적거려 일이 일어나게 함

▲ 7·4 남북 공동 성명 발표(1972)

▲ 제1차 남북 정상 회담(2000)

스토리 씽킹

1 다음은 '7·4 남북 공동 성명'에 관한 내용입니다. □ 안에 들어갈 알맞은 내용을 쓰세요.

- 1972년 '7·4 남북 공동 성명' 발표
- □□, □□, 민족 □□□의 원칙에 따라 통일해야 한다는 내용이 담김
- 이후 논의되는 모든 통일에 관한 사항은 여기서 합의한 내용을 기본으로 함

2 남북한 평화 통일을 위한 노력에 대해 바르게 설명한 두 학생의 이름을 쓰세요. (,   )

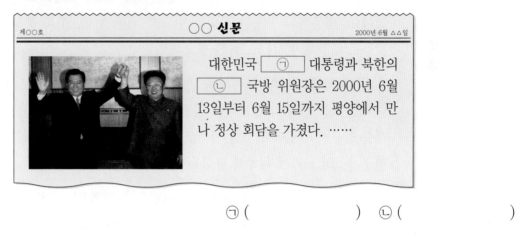

남북 단일팀으로 스포츠 대회에 나간 것도 통일을 위한 노력이지.

북한은 때때로 무력 도발을 해서 우리가 분단국가라는 것을 상기시켜줘.

남북 이산가족 상봉은 남과 북이 한민족이라는 것을 느끼게 해줘.

남한은 첨단 기술이 발전했고 북한은 자원이 풍부해.

윤수   태민   지아   성욱

3 빈칸 ㉠, ㉡에 해당하는 인물이 누구인지 쓰세요.

제○○호   ○○ 신문   2000년 6월 △△일

대한민국 ㉠ 대통령과 북한의 ㉡ 국방 위원장은 2000년 6월 13일부터 6월 15일까지 평양에서 만나 정상 회담을 가졌다. ······

㉠ (   )   ㉡ (   )

어휘 더하기

평화 통일
평평하다[平]+화합하다[和]+합치다[統]+하나[一]

전쟁에 의하지 아니하고 평화적인 방법으로 이루는 통일

예 우리는 온 민족의 단합된 힘으로 자주적 평화 통일을 실현해야 한다.

반대말로 무력을 이용하여 통일을 하는 무력 통일(武力統一)이 있어요.

02 우리나라의 위상은 얼마만큼 높아졌을까?

우리는 1986년 아시안 게임, 1988년 서울 올림픽 대회를 성공적으로 개최하여 전 세계에 스포츠 강국임을 알림과 동시에 국제 규모의 큰 대회도 잘 치러낼 수 있다는 것을 보여주었어요.

1980년대 프로 야구와 프로 축구가 등장하면서 국민들의 인기를 얻기 시작했고 우리 선수들이 세계에서 활약하기도 했어요. 야구는 2008년 베이징 올림픽 대회에서 전승 우승으로 금메달을 땄고, 축구는 일본과 공동 개최한 2002년 한·일 월드컵 대회에서 4강에 오르는 신화를 보여 주었어요.

스포츠뿐 아니라 최근에는 한국의 문화가 한류라는 이름으로 유행하고 있어요. 1990년대 한국의 드라마와 가요가 중국, 일본과 동남아시아로 확대되어 갔고, 최근에는 유튜브(YouTube)를 통해 K-POP이 전 세계로 뻗어 나가고 있어요. 한류의 인기로 한국 상품, 한국어 등이 해외에서 관심을 받고 있지요.

우리나라는 일제에 식민 지배를 받았고, 같은 민족끼리 총을 겨누며 전쟁을 치르기도 했으며, 아직까지도 남과 북이 나뉘어져 살아가고 있는 등 슬픔이 있지만 국민들의 노력으로 경제가 발전했고 민주주의를 이루었어요. 그러나 앞으로 풀어야 할 숙제도 많이 남아 있어요. 평등하고 공정한 사회를 만들기 위한 노력, 평화 통일을 위한 노력, 일본과 역사 갈등도 해결해야 하는 노력이 필요해요.

특히 독도는 광복과 동시에 일본의 영토에서 제외되었고, 1952년 대한민국 정부는 대내외에 독도가 우리 영토임을 발표했음에도 불구하고 여전히 일본은 역사를 왜곡하며 문제를 일으키고 있어요. 오늘날 독도를 지키고 있는 시민 단체들의 활동과 독도를 연구하는 연구자들의 노력에 대해서 관심을 가져야 하는 이유예요.

우리가 앞으로 만들어갈 미래는 어떤 모습일까요? 무한한 가능성을 상상하며 세계라는 무대에서 더 큰 발전을 이루어 내는 노력을 함께해요.

낱말 사전

위상
어떤 사물이 다른 사물과의 관계 속에서 가지는 위치나 상태

한류
한국의 대중문화가 해외에서 유행하는 것

왜곡
사실과 다르게 해석하거나 그릇되게 함

▲ 1988 서울 올림픽 대회 개최

▲ 2002 한·일 월드컵 대회 개최

▲ 한류 K-POP 공연

스토리 씽킹

---

1 우리나라 스포츠의 위상을 세계에 높인 사건이 <u>아닌</u> 것을 〈보기〉에서 골라 기호를 쓰세요. (　　　)

> **보기**
> ㉠ 한류의 유행　　　　　　　　　㉡ 1988 서울 올림픽 대회 개최
> ㉢ 2002 한·일 월드컵 대회 개최　㉣ 2008 베이징 올림픽 야구 전승 금메달

2 광복 이후 독도에 관한 설명으로 맞으면 ○표, 틀리면 ×표 하세요.

(1) 광복과 동시에 일본의 영토에서 제외되었다. (　　　)

(2) 1952년 일본 정부는 독도가 일본 영토임을 대내외에 확인시켰다. (　　　)

(3) 독도를 지키기 위한 시민 단체와 독도 연구자들의 노력에 관심을 가지며 독도를 수호하기 위한 노력을 해야 한다. (　　　)

3 (가)~(다) 중 한류의 모습과 관련된 사진을 골라 기호를 쓰세요. (　　　)

(가)	(나)	(다)

▲ K-POP 콘서트

▲ 5·18 민주화 운동

▲ 100억 달러 수출의 날 기념식

어휘 더하기

한류
나라 이름[韓] + 흐르다, 흐름[流]

우리나라의 대중문화 요소가 외국에서 유행하는 현상
예 외국 여행을 하다보면 한류를 실감할 때가 많다.

드라마와 K-POP을 넘어 최근에는 신기술과 한국 문화 콘텐츠를 접목한 '융합 한류'가 등장하고 있어요.

VIII. 대한민국 **137**

30일차 | 실전 문제

1 (가)에 들어갈 단체의 이름은 무엇인가요? (   )

> 한국이 광복을 맞이한 후 국내에서 독립운동을 해 오던 여운형은 새로운 정부를 건설하기 위해 ▢ (가) ▢ 을/를 만들었다.

① 교통국
② 독립 협회
③ 한국광복군
④ 정부 수립 추진 위원회
⑤ 조선 건국 준비 위원회

2 다음 (가), (나)에 들어갈 인물은 누구인가요?
(   )

(가)	(나)
• 대한민국 임시 정부 주석 • 한인 애국단 결성	• 대한민국 임시 정부 초대 대통령 • 외교를 통한 독립운동 강조

	(가)	(나)
①	김구	이승만
②	김구	안중근
③	이승만	김구
④	안중근	이승만
⑤	이승만	안중근

3 광복 직후 한반도 상황에 대한 설명으로 옳지 <u>않은</u> 것은 무엇인가요? (   )

① 소련군은 북쪽에 주둔하였다.
② 미국군은 남쪽에 주둔하였다.
③ 한반도의 상황은 여전히 불안정하였다.
④ 38도선을 경계로 남북 이동이 금지되었다.
⑤ 미국은 대한민국 임시 정부의 정치 세력을 인정하지 않았다.

4-5 다음을 읽고 물음에 답하세요.

> • 한국에 임시 정부를 수립한다.
> • 미국과 소련 대표로 구성된 공동 위원회를 조직한다.
> • 미, 중, 영, 소 4개국이 한국 임시 민주 정부와 합의해 최고 5년 동안 신탁 통치를 실시한다.

4 위와 같은 사항이 정해진 회의의 명칭을 쓰세요.
(   )

5 위 자료가 발표된 것은 연표에서 어느 시기인가요?
(   )

1945	1948	1950	1953	1960	1962
(가)	(나)	(다)	(라)	(마)	
광복	대한민국 정부 수립	6·25 전쟁 발발	정전 협정	4·19 혁명	경제 개발 5개년 계획 시작

① (가)   ② (나)   ③ (다)   ④ (라)   ⑤ (마)

6 다음과 같은 의견을 주장한 인물은 누구인가요?
(   )

> 나 또한 통일 정부에 대한 기대는 있으나 내 생각에는 어려울 것으로 보입니다. 우리 남쪽만이라도 임시 정부를 만들어야 합니다.

① 김구   ② 여운형
③ 이승만   ④ 김규식
⑤ 김일성

7 다음 (가)에 들어갈 사건은 무엇인가요? (   )

| 국제 연합에서 선거 가능한 지역에서만 총선거를 실시하라고 결정 | → | (가) | → | 남 한 에 서 총선거 실시 |

① 헌법 발표
② 38도선 그어짐
③ 북한 정부 수립
④ 김구와 김규식의 평양 방문
⑤ 이승만을 초대 대통령으로 선출

8 다음에서 설명하는 작전은 무엇인지 쓰세요.

> • 6·25 전쟁 중에 실시한 작전임
> • 맥아더 국제 연합군 사령관이 지휘함
> • 이 작전을 계기로 전세가 역전되었음

(   )

9 6·25 전쟁이 일어난 순서대로 옳게 나열한 것은 무엇인가요? (   )

(가)	(나)	(다)

▲ 중국군 개입	▲ 인천 상륙 작전	▲ 정전 협정 체결

① (가) - (나) - (다)
② (가) - (다) - (나)
③ (나) - (가) - (다)
④ (나) - (다) - (가)
⑤ (다) - (나) - (가)

10 6·25 전쟁의 결과로 옳지 <u>않은</u> 것은 무엇인가요? (   )

① 이산가족이 발생하였다.
② 산업 시설이 파괴되었다.
③ 많은 인명 피해가 발생하였다.
④ 남북이 적대적 감정이 생겼다.
⑤ 부산이 남한의 수도로 지정되었다.

11 (가)에 들어갈 사건으로 옳은 것은 무엇인가요? (   )

> 1960년에 일어난 ____(가)____ 은/는 3·15 부정 선거와 이승만 독재 정권에 반대하며 시작되었다. 학생과 시민들이 시위에 나서 '부정 선거 다시 하라!', '독재 정권 물러가라!' 구호를 외쳤다.

① 4·19 혁명
② 5·10 총선거
③ 6월 민주 항쟁
④ 5·16 군사 정변
⑤ 5·18 민주화 운동

12 민주화 운동이 일어난 순서대로 나열한 것은 무엇인가요? (   )

(가)	(나)	(다)
대통령 직선제를 쟁취하기 위해 일으킴	부정 선거를 규탄하고, 독재 정치를 끝내기 위해 일으킴	신군부의 권력 장악 시도에 맞서 광주 시민들이 전개함

① (가) - (나) - (다)
② (가) - (다) - (나)
③ (나) - (가) - (다)
④ (나) - (다) - (가)
⑤ (다) - (나) - (가)

정답과 해설 152쪽

13 다음 질문에 대한 대답으로 옳은 것은 무엇인가요?
( )

> 1980년 광주에서 시민군이 조직되었습니다. 군대에 맞서 스스로 무장을 한 것이지요. 이들이 시위를 한 원인은 무엇일까요?

① 박정희 정부의 독재 정치를 끝내기 위해서였습니다.
② 이승만 정부의 장기 집권에 반대하기 위해서였습니다.
③ 박정희 대통령의 죽음의 원인을 밝히기 위해서였습니다.
④ 부정 선거의 잘못을 알리고 새롭게 선거를 하기 위해서였습니다.
⑤ 신군부의 권력 장악에 반대하며 민주주의를 요구하기 위해서였습니다.

14 (가)에 들어갈 검색어로 옳은 것은 무엇인가요?
( )

> (가) [검색 ▼]
> • 시기: 1970년대
> • 정신: 근면, 자조, 협동
> • 목적: 농촌 생활환경 개선

① 새마을 운동
② 베트남 전쟁
③ 물산 장려 운동
④ 경제 개발 5개년 계획
⑤ 경제 협력 개발 기구(OECD)에 가입

15 다음 (가)에 들어갈 알맞은 말을 쓰세요.
( )

> 경제 개발 5개년 계획이 진행되면서 1960, 1970년대 우리나라는 높은 경제 성장을 이루어냈다. 이를 보고 전 세계는 '　(가)　'이라고 불렀다.

16 통일을 위한 남북한의 노력을 일어난 순서대로 바르게 나열한 것은 무엇인가요? ( )

(가)	(나)	(다)

▲ 7·4 남북 공동 성명 발표	▲ 제1차 남북 정상 회담	▲ 남북 기본 합의서 채택

① (가) - (나) - (다)　② (가) - (다) - (나)
③ (나) - (가) - (다)　④ (나) - (다) - (가)
⑤ (다) - (나) - (가)

17 한국의 대중문화가 해외에서 유행하는 것을 뜻하는 말을 무엇이라고 하는지 쓰세요. ( )

1 다음 단어의 쓰임으로 적절하지 <u>않은</u> 예문은 무엇인가요? (   )

> **신탁 통치**: 제2차 세계 대전 후 국제 연합의 위임을 받은 나라가 일정한 지역에서 통치하는 일

① 김구 선생은 <u>신탁 통치</u>를 반대하였다.
② <u>신탁 통치</u>안에 대한 반대 운동이 전국적으로 일어났다.
③ 우리 민족은 1945년 8월 15일 <u>신탁 통치</u>로부터 벗어났다.
④ 우리 민족은 <u>신탁 통치</u>를 찬성하는 세력과 반대하는 세력으로 나뉘었다.
⑤ 모스크바 3국 외상 회의에서 최고 5년간의 <u>신탁 통치</u>를 실시하기로 결정하였다.

2 빈칸 ㉠~㉢에 들어갈 알맞은 낱말을 바르게 나열한 것은 무엇인가요? (   )

> 다빈: ㉠ 을 맞이한 우리 민족은 정부를 수립하는 게 제일 급한 일이었어.
> 민아: 맞아. 국제 연합의 권고 대로 결국 남한만 ㉡ 를 실시해 국회의원을 뽑았지.
> 아영: 그런데 국회의원은 국민이 선거로 뽑았는데, 1987년 대통령 ㉢ 를 위한 민주화
>   운동은 왜 일어난거야?

	㉠	㉡	㉢		㉠	㉡	㉢
①	광복	총선거	간선제	②	주권	총선거	간선제
③	광복	총선거	직선제	④	주권	비밀 선거	간선제
⑤	광복	비밀 선거	직선제				

3 빈칸 ㉠, ㉡에 들어갈 알맞은 낱말을 〈보기〉에서 찾아 쓰세요.

> **보기**
>
> 정전   평화   무력   종전

이곳은 '6·25 전쟁 전시관'이에요. 이곳에서 우리가 ㉠ ☐☐ 협정을 맺은 과정을 살펴볼거예요. 이 협정으로 인해 6·25 전쟁은 사실상 끝이 났어요. 그럼, 전시관을 둘러보고 우리의 과제인 ㉡ ☐☐ 통일을 위한 방법에 대해 이야기해 볼까요?

6·25 전쟁 전시관

인용 사진 출처

독립기념관 44, 60쪽(갑신정변의 주역들) / 44, 64, 65 75쪽(전봉준) / 45, 70, 71쪽(관민 공동회) / 79, 80, 104쪽(청산리 대첩 기록화) / 80, 82, 89, 106쪽(을사늑약 풍자화) / 80쪽(안중근 의사의 의거 장면 기록화) / 81쪽(3·1 운동) / 84, 85, 106쪽(헤이그 특사) / 92쪽(안창호) / 100쪽(독립 선언을 준비하는 민족 대표들) / 100, 101쪽(3·1 독립 선언서) / 112, 120, 125쪽(대한민국 정부 수립 선포식)

연합뉴스 82, 83, 106쪽(독도) / 96쪽(하와이로 이주하여 살던 우리 동포들) / 111, 113, 126, 127쪽(4·19 혁명) / 111, 112, 128, 137쪽(5·18 민주화 운동) / 111, 113, 128쪽(6월 민주 항쟁) / 112쪽(박정희) / 112, 134, 140쪽(7·4 남북 공동 성명 발표) / 113, 134, 135, 140쪽(제1차 남북 정상 회담) / 113, 136쪽(서울 올림픽 대회) / 113, 123, 139쪽(정전 협정) / 124, 125쪽(6·25 전쟁으로 폐허가 된 도시) / 125쪽(이산가족 찾기) / 130쪽(새마을 운동) / 136, 137쪽(K–POP 공연) / 136쪽(한·일 월드컵 대회) / 139쪽(인천 상륙 작전) / 140쪽(남북 기본 합의서 채택)

서울대학교규장각한국학연구원 8쪽(홍경래진도) / 82, 83쪽(을사늑약 문서) / 94(한국 병합 조약 문서)

부산수영구 8쪽(안용복)

서울고궁박물관 9쪽(영조 어진)

문화재청 10쪽(비변사등록 표지) / 28, 29쪽(서당도)

아카이브코리아/게티이미지코리아 14쪽(영릉)

호남권 한국학자료센터 20쪽(공명첩)

국립중앙박물관 28, 29쪽(까치와 호랑이) / 44, 46쪽(흥선 대원군)

리움미술관 29쪽(계상정거도)

대한민국역사박물관 34쪽(절두산 순교 성지)

한국학중앙연구원 44, 68쪽(명성 황후 조난지 표석)

국립중앙도서관 45, 70쪽(『독립신문』)

경기도박물관 79, 81, 102쪽(대한민국 임시 정부 청사)

백범김구선생기념사업회 80, 115, 118쪽(김구)

서문당 81쪽(한국광복군)

안중근의사기념관 88, 89쪽(안중근)

한국금융사박물관 90쪽(국채 보상 운동 기록물)

신채호기념사업회 92쪽(신채호)

민속원 96쪽(만주로 이주하여 살던 우리 동포들)

국사편찬위원회 100쪽(유관순)

NARA 112쪽(5·10 총선거) / 113쪽(6·25 전쟁) / 116쪽(38도선) / 124, 125쪽(전쟁고아)

몽양여운형선생기념사업회 115쪽(여운형)

이승만건국대통령기념사업회 115, 118쪽(이승만)

국가기록원 117쪽(신탁 통치 반대 집회)

대한뉴스 130, 137쪽(100억 달러 수출의 날 기념식)

국립민속박물관 132쪽(초기 텔레비전)

Naval historical foundation 45, 48, 74쪽(어재연 장군의 수자기)

Historic Collection / Alamy Stock Photo 139쪽(6·25 전쟁 당시 중국군 참전)

EBS 매일 쉬운 스토리 한국사②

정답과 해설

7일차 조선 후기 백성들의 의식 변화

01 새롭게 등장한 사상과 종교는 무엇일까?
본문 35쪽

스토리 씽킹 1 (1) ○ (2) × (3) ○ 2 『정감록』
3 ㉠ 동학 ㉡ 하늘

02 농민들은 왜 봉기하였을까?
본문 37쪽

스토리 씽킹 1 (1) ○ (2) ○ (3) × 2 (1) 홍경래
(2) 임술 농민(진주 농민) 3 ㉠ 평안도 ㉡ 탐관오리

8일차 | 실전 문제
본문 38~40쪽

1 ①	2 안용복	3 ⑤	4 탕평책
5 ④	6 ③	7 공명첩	8 실학	9 ①
10 ①	11 ⑤	12 대동여지도		13 ③
14 세도	15 ③	16 ㉠ 군정 ㉡ 전정 ㉢ 환곡	
17 ⑤	18 최제우	19 ⑤	20 ②

1 원래 군사 회의 기구였던 비변사는 임진왜란과 병자호란을 거치며 고위 관리들이 참여하게 되면서 거의 모든 나랏일을 결정하는 기구로 힘이 커졌습니다.

3 대동법은 세금을 집집마다 거두던 특산물 대신 모든 백성들이 쉽게 낼 수 있는 쌀, 옷감, 동전 등으로 거두는 제도였습니다.

4 영조가 실시했던 탕평책은 붕당의 대립을 완화하고 왕권을 강화하기 위한 정책이었습니다.

5 대동법이 실시되면서 나라에서 고용한 상인인 공인은 전국을 돌며 각 지역의 특산물을 사들였고, 활발한 경제 활동이 이루어지도록 하였습니다.

6 정조는 규장각을 설치하여 젊은 학자들을 등용해 학문을 연구하게 하였습니다.

7 돈을 내고 공명첩을 산 부유한 농민과 상인들은 양반 신분을 얻게 되었습니다.

8 조선의 통치 이념이었던 성리학이 사회 문제 해결에 직접적인 도움을 주지 못하자 학자들은 실생활에 도움이 되는 실학을 연구하기 시작하였습니다.

9 농업에 관심을 두었던 실학자인 이익은 백성들에게 최소한의 토지는 기본적으로 나누어주고 이 토지는 사거나 팔 수 없게 함으로써 백성들의 삶을 안정시킬 수 있다고 주장하였습니다.

10 실학자들은 청의 발달된 문물과 기술을 받아들여 백성들의 삶을 풍요롭게 하는 데 사용하자고 주장하였습니다.

11 『택리지』는 조선 후기 이중환이 쓴 책입니다. 그는 이 책에서 조선의 각 지역에 대한 상세한 정보를 제공하여 사람들의 이해를 도왔습니다.

13 풍속이란 오랜 세월 동안 그 사회에 전해 내려오는 생활 습관을 말하는데, 이렇게 사람들의 일상생활 모습을 그린 그림이 풍속화입니다. 대표적인 풍속화가로 김홍도와 신윤복이 있습니다.

14 세도 정치에 대한 설명입니다. 당시 대표적인 세도 가문으로는 안동 김씨와 풍양 조씨가 있었고, 이들은 임금을 능가하는 막강한 권력을 휘둘렀습니다.

15 조선 후기 과거 시험은 세도 가문과 연관되어 온갖 부정행위가 계속되었기 때문에 공정한 시험이 될 수 없었습니다.

17 천주교는 청에 머물던 서양 선교사들로부터 서학이라는 학문으로 조선에 먼저 전해졌습니다. 천주교는 평등사상과 죽은 뒤에 열리는 새로운 세상에 대한 내용으로 백성들 사이에 신앙으로 널리 퍼져 나갔습니다.

18 동학을 만든 최제우에 대해 묻는 문제입니다.

19 ①, ②, ④는 임술 농민 봉기에 대한 설명입니다. ③ 홍경래의 난은 정주성 싸움에서 관군에 패하여 진압되었습니다.

20 조선 후기 농민 봉기가 전국 각지에서 일어난 것을 통해 농민들이 더 이상은 소극적이지 않다는 것을 알 수 있습니다. 이것으로 볼 때 농민들의 저항 의식이 성장하였음을 알 수 있습니다.

어휘 적용하기

1 ②   **2** ③
3 ㉠ 외곽 ㉡ 수리 ㉢ 추수 ㉣ 정비 ㉤ 실시

1 ㉮ '저항'은 어떤 힘이나 조건에 굽히지 않고 거역하거나 버티는 것을 의미합니다. '항거'는 순종하지 않고 맞서서 반항하는 것을 의미합니다.
㉯ '소외'는 어떤 무리에서 기피되어 따돌림을 당하거나 배척되는 것을 의미합니다. '참여'는 '소외'의 반대말로 어떤 일에 끼어들어 관계하는 것을 의미합니다.
㉰ '회복'은 원래의 상태로 돌이키거나 원래의 상태를 되찾은 것을 의미합니다. '복구'는 손실 이전의 상태로 회복하는 것을 의미합니다.
㉱ '해방'은 구속이나 억압, 부담 따위에서 벗어나게 하는 것을 의미합니다. '억압'은 자기의 뜻대로 자유로이 행동하지 못하도록 억지로 억누르는 것을 의미합니다.

2 ㉠ 어떤 의견을 안건으로 내어놓는 것 또는 그 안건을 '제안'이라고 합니다.
㉡ 어떤 무리에서 기피되어 따돌림을 당하거나 배척되는 것을 '소외'라고 합니다.
㉢ 어느 사물에만 특별히 있거나 본래부터 지니고 있는 것을 '고유'라고 합니다.

3 ㉠에 알맞은 말은 바깥 둘레나 그 부근이라는 뜻의 '외곽'입니다.
㉡에 알맞은 말은 물을 식수, 관개용, 공업용 등으로 이용한다는 뜻의 '수리'입니다.
㉢에 알맞은 말은 가을에 익은 곡식을 거두어들인다는 뜻의 '추수'입니다.
㉣에 알맞은 말은 흐트러진 체제나 조직 따위를 질서 있게 바로잡는다는 뜻의 '정비'입니다.
㉤에 알맞은 말은 어떤 일이나 제도 따위를 실제로 행한다는 뜻의 '실시'입니다.

VI
개항기

9일차 흥선 대원군과 양요

01 흥선 대원군이 펼친 정책은 무엇일까? 본문 47쪽

스토리 씽킹 **1** (1) ○ (2) ○ **2** (1) – ㉠ (2) – ㉡
3 ㉠ 왕실(왕) ㉡ 원납전 ㉢ 당백전

02 병인양요와 신미양요는 어떻게 진행되었을까? 본문 49쪽

스토리 씽킹 **1** (1) ○ (2) ○ **2** (1) 외규장각 (2) 강화도
3 (1) 척화비 (2) 교류 (3) ㉠ 당분간 막아 내었다.
㉡ 근대화

10일차 조선의 개항

01 강화도 조약은 어떻게 맺어졌을까? 본문 51쪽

스토리 씽킹 **1** 운요호 **2** (1) × (2) ○ **3** (1) 치외 법권
(2) 불평등

02 조선과 다른 나라와의 수교는 어떻게 맺어졌을까?
본문 53쪽

스토리 씽킹 **1** 청 **2** (1) ○ (2) ○ **3** ㉠ 병인 ㉡ 천주

11일차 개화 정책에 대한 반응

01 개화 정책과 위정척사 운동은 어떻게 달랐을까?
본문 55쪽

스토리 씽킹 **1** (1) – ㉡ (2) – ㉢ (3) – ㉠ **2** ㉠ 수교
㉡ 개항

02 임오군란은 어떻게 일어났을까? 본문 57쪽

스토리 씽킹 **1** 별기군 **2** (1) ○ (2) × **3** 개화

12일차 갑신정변

01 갑신정변이 일어나게 된 배경은 무엇일까?   본문 59쪽

스토리 씽킹   1 (1) – ㉠ (2) – ㉡   2 (1) × (2) ×
3 ㉠ 프랑스 ㉡ 일본

02 갑신정변의 전개와 결과는 어떠하였을까?   본문 61쪽

스토리 씽킹   1 (1) ○ (2) ○ (3) ×   2 (1) 정치 (2) 백성
3 ㉠ 임오 ㉡ 공사관

13일차 동학 농민 운동

01 동학 농민 운동이 일어나게 된 배경은 무엇일까?   본문 63쪽

스토리 씽킹   1 (1) ○ (2) × (3) ○   2 최제우
3 봉기를 일으켰다. 관아를 습격하였다.

02 동학 농민 운동의 전개와 결과는 어떠하였을까?   본문 65쪽

스토리 씽킹   1 (1) ○ (2) ○ (3) ×   2 전봉준
3 (가) – (다) – (나) – (라)

14일차 갑오·을미개혁과 을미사변

01 갑오개혁은 어떻게 전개되었을까?   본문 67쪽

스토리 씽킹   1 개혁   2 (1) ○ (2) ○ (3) ○   3 랴오둥반도

02 을미사변과 을미개혁은 어떻게 일어났을까?   본문 69쪽

스토리 씽킹   1 러시아   2 (1) 을미 (2) 단발   3 ㉠ 갑신
㉡ 동학 농민 ㉢ 일본

15일차 독립 협회와 대한 제국

01 독립 협회와 만민 공동회는 어떻게 생겨났을까?   본문 71쪽

스토리 씽킹   1 서재필   2 (1) ○ (2) ○ (3) ×
3 관민 공동회

02 대한 제국과 광무개혁은 어떻게 이루어졌을까?   본문 73쪽

스토리 씽킹   1 (1) ○ (2) × (3) ○   2 (1) 환구단 (2) 광무
3 ㉠ 연호 ㉡ 황제 ㉢ 회사 ㉣ 유학생

16일차 | 실전 문제   본문 74~76쪽

1 ③	2 ③	3 ④	4 강화도 조약
5 ㉢	6 개화파	7 ④	8 청
9 김옥균	10 ⑤	11 ⑤	12 ⑤ 13 ④
14 갑오개혁		15 ⑤	16 독립 협회
17 ④	18 대한 제국	19 ①	

1 흥선 대원군은 세도 정치를 뿌리 뽑기 위해 비변사의 기능을 약화시키고 폐지하였습니다.

2 어재연 장군은 신미양요 당시 침략해 온 미군에 맞서 강화도 광성보에서 싸우다가 전사하였습니다.

3 강화도 조약이 맺어졌다는 소식에 놀란 청은 조선에 대한 우월한 지위를 보장받기 위해서 조선과 미국이 통상 조약을 맺는 것을 도왔습니다.

4 조선이 1876년에 일본과 맺은 강화도 조약은 조선이 다른 나라와 맺게 된 최초의 근대적인 조약입니다.

5 제시된 강화도 조약의 내용 중에서는 ㉢이 치외 법권에 해당합니다. 치외 법권은 외국인이 머무르는 나라의 국내법이 아닌 본국의 법을 적용받는 권리를 말합니다.

6 개화파에 대한 설명입니다. 강화도 조약을 통해 조선의 문이 열리자 추진된 개화 정책에 개화파는 적극적으로 참여하였습니다.

7 강화도 조약으로 조선이 개항을 하게 되자 위정척사 운동은 정부가 추진하는 개화 정책에 반대하는 방향으로 바뀌어 진행되었습니다.

9 자료는 김옥균에 대한 설명입니다. 김옥균은 일본에서 개화에 필요한 자금을 빌려 오겠다고 하였지만 실패하여 정치적인 위기에 몰리자 자신과 뜻을 함께하는 사람들과 갑신정변을 계획하였습니다.

10 ① 갑신정변은 지식인들이 직접 움직였던 개혁 운동이었습니다. ② 우정총국이 문을 연 것을 축하하는 날에 벌어졌습니다. ③ 일본의 지원을 받기로 약속되어 있었습니다. ④ 백성들의 충분한 동의를 얻지 못한 상태에서 진행되었기 때문에 백성들에게 개화에 대한 부정적인 인식을 주기도 하였습니다.

11 고부 봉기부터 동학 농민 운동을 이끌었던 지도자인 전봉준에 대한 설명입니다. 전봉준 등 지도부가 체포되면서 결국 동학 농민 운동은 끝이 났습니다.

12 조선 정부와 동학 농민군은 전주에서 화약을 맺었고 이후 동학 농민군은 스스로 해산하였습니다.

13 전주 화약 이후에도 철수하지 않던 일본군이 결국 조선 땅에서 청일 전쟁을 일으키자 동학 농민군이 다시 봉기하여 일본군을 몰아내기 위해 서울로 향하게 되었습니다.

15 아관 파천에 대한 설명입니다. 고종이 러시아 공사관에 머무르는 동안 조선에 대한 러시아의 간섭은 더욱 심해졌습니다.

17 사진은 대한 제국 시기 서양식 군복을 입은 고종 황제의 모습입니다.

19 ① 단발령은 을미개혁 때 시행되었습니다.

어휘 적용하기
본문 77쪽

1 척화　　　　　　　　　2 ②
3 ㉠ 근대 ㉡ 우월 ㉢ 수교

1 흥선 대원군은 척화비를 세워 서양과 교류하지 않겠다는 통상 수교 거부 정책을 강화하였습니다.

2 ㉠ '횡포'는 제멋대로 굴며 몹시 난폭하다는 뜻입니다.
㉡ '관습'은 한 사회에서 역사적으로 굳어진 전통적 행동 양식이나 습관입니다.
㉢ '폐지'는 실시하여 오던 제도나 법규 따위를 그만두거나 없애는 것을 말합니다.

3 ㉠에는 근대적인 특징을 가진 것이므로 '근대', ㉡에는 어떤 것이 다른 것보다 훨씬 뛰어나다는 뜻의 '우월', ㉢에는 두 나라가 서로 국교를 맺는다는 뜻의 '수교'가 알맞은 낱말입니다.

VII
일제 강점기

17일차 을사늑약과 고종의 퇴위

01 일제는 우리의 외교권을 어떻게 빼앗았을까?　본문 83쪽

스토리 씽킹 **1** (1) ○ (2) ✕　**2** (1) 외교권 (2) 통감부
3 수민

02 고종은 왜 강제 퇴위를 당했을까?　본문 85쪽

스토리 씽킹 **1** 헤이그 특사　**2** (1) ✕ (2) ○
3 (라) – (다) – (나) – (가)

18일차 나라를 지키기 위한 노력 1 - 항일 의병 운동 -

01 항일 의병 운동은 어떤 사람들이 일으켰을까?　본문 87쪽

스토리 씽킹 **1** (1) ○ (2) ○　**2** (1) – ㉡ (2) – ㉠　**3** 다희

02 안중근은 왜 이토 히로부미에게 총을 쏘았을까?　본문 89쪽

스토리 씽킹 **1** (1) 민영환 (2) 이토 히로부미　**2** 안중근
3 (나) – (가) – (다)

19일차 나라를 지키기 위한 노력 2 - 애국 계몽 운동 -

01 나라의 빚을 갚기 위해 어떤 노력을 펼쳤을까?　본문 91쪽

스토리 씽킹 **1** (1) 서상돈 (2) 우리의 국권 회복 의지를 보여준 중요한 움직임이었다.　**2** 지민　**3** ㉠ 국채 보상 ㉡ 일제

02 민족정신을 지키기 위한 방법은 무엇이었을까?　본문 93쪽

스토리 씽킹 **1** (1) 신민회 (2) 태극 서관 (3) 무관
2 ㉣　**3** ㉠, ㉡

20일차 강제로 빼앗긴 국권

01 한국 병합 조약은 어떻게 체결되었을까?
본문 95쪽

스토리 씽킹 1 (1) × (2) ○ 2 (1) 군대, 경찰 (2) 주권
3 ㉢

02 사람들이 나라를 떠난 이유는 무엇일까?
본문 97쪽

스토리 씽킹 1 은우 2 이회영 3 (가) – ㉢ (나) – ㉡
(다) – ㉠

21일차 일제 강점기 헌병 경찰 통치와 3·1 운동

01 일제가 우리나라를 통치한 방식은 어떠하였을까?
본문 99쪽

스토리 씽킹 1 (1) ○ (2) ○ 2 ㉡, ㉢
3 ㉠ 토지 조사 사업 ㉡ 국외

02 3·1 운동은 왜 일어났을까?
본문 101쪽

스토리 씽킹 1 (1) 고종 (2) 3·1 운동 2 독립 선언서
3 (라) – (나) – (가) – (다)

22일차 나라를 되찾기 위한 노력

01 대한민국 임시 정부는 어떤 일을 했을까?
본문 103쪽

스토리 씽킹 1 (1) C (2) 상하이 2 (1) 『독립신문』
(2) 독립 공채 3 지호

02 일제 강점기 독립 운동은 어떤 모습이었을까?
본문 105쪽

스토리 씽킹 1 (1) ○ (2) ○ (3) ○ 2 (1) 홍범도 (2) 대첩
(3) 6·10 만세 운동 3 (1) – ㉠, ㉢ (2) – ㉡, ㉣

23일차 | 실전 문제

1 ②	2 독도	3 ⑤	4 ⑤	5 ⑤
6 ④	7 ①	8 ②	9 한국 병합 조약	
10 (나)	11 토지 조사 사업	12 ②	13 ④	
14 ①	15 ②	16 ⑤		

1 일제는 고종과 대신들을 위협하며 대한 제국의 외교권을 빼앗는 을사늑약을 강제로 체결하였습니다.

3 사진은 고종이 1907년 네덜란드 헤이그로 파견한 헤이그 특사입니다. 이들은 을사늑약의 부당함을 알리기 위해 네덜란드로 갔지만 일본의 방해로 회의장 안으로 들어가는 못하였습니다.

4 정미년에 일어난 의병은 일본이 고종을 강제 퇴위시킨 것에 대한 저항으로 일어났습니다.

5 을사늑약 체결(1905) – 고종 강제 퇴위(1907) – 안중근 의거(1909) 순으로 일어났습니다.

6 1907년 대구에서 나라의 빚을 갚아 일본의 지배에서 벗어나자는 국채 보상 운동이 일어났습니다.

8 신민회는 안창호 등 독립운동가가 조직한 비밀 단체입니다.

9 일제는 1910년 8월 29일 강제로 맺은 한국 병합 조약을 발표하였습니다.

10 일제는 강제로 한국 병합 조약을 체결한 후 조선 총독부를 설치해 총독이 한반도를 장악하였습니다. 또한 헌병 경찰 제도를 실시해 공포 정치로 조선인의 저항을 막았습니다.

11 일제는 1910년대에 헌병 경찰을 앞세워 무단 통치를 하였고, 경제적으로는 토지를 빼앗기 위해 토지 조사 사업을 실시하였습니다.

12 중국 상하이에 수립된 대한민국 임시 정부는 민주 공화제를 정치 체제로 하고 이승만을 초대 대통령으로 선출하였습니다.

13 김구는 침체된 대한민국 임시 정부에 활력을 불어넣기 위해 한인 애국단을 조직하여 이봉창 의거, 윤봉길 의거 등을 계획하였습니다.

14 1920년대 국내에는 다양한 항일 운동이 일어났습니다. 국산품을 애용하자는 물산 장려 운동, 순종의 장례식 때 발생한 6·10 만세 운동, 한일 학생 차별이 원인이 된 광주 학생 항일 운동 등 실력 양성 운동과 학생 운동이 일어나 일제에 저항하였습니다.

15 1920년대 만주에서는 독립군 부대가 일본군과 싸워 큰 승리를 거두었는데, 대표적으로 봉오동 전투, 청산리 대첩 등이 있습니다.

16 일본군 '위안부'는 일본군이 침략 전쟁을 일으킨 이후 일본군과 일본 정부에 의해 전쟁터에 강제로 동원돼 지속적으로 성폭력과 인권 침해를 당한 여성을 가리킵니다.

어휘 적용하기

1 (1) 늑약 (2) 의병 (3) 의거
2 ② **3** ㉠ 병합 ㉡ 헌병 ㉢ 독립

1 (1) '조약'은 국가 간에 합법적으로 맺은 것이고, '늑약'은 억지로 맺은 조약입니다. 을사늑약은 일제가 고종과 우리 대신들을 위협하여 맺은 조약입니다.
(2) '용병'은 돈을 주고 고용한 군대이고, '의병'은 자발적으로 일어난 군대입니다.
(3) '테러'는 폭력을 써서 상대를 위협하는 행위를 말하고, '의거'는 정의를 위해 개인이나 집단이 의로운 일을 행하는 것을 말합니다.

2 ㉠ '국채'는 나라의 빚을 뜻하고, '사채'는 개인의 빚을 뜻합니다.
㉡ '계몽'이란 지식수준이 낮거나 관습에 젖은 사람을 가르쳐서 깨우치는 일을 의미합니다. '개화'는 사람의 지혜가 열려 새로운 사상, 문물, 제도 등을 가지게 되는 것입니다.
㉢ '이주'는 본래 살던 집에서 다른 집으로 거처를 옮기는 것이고, '이민'은 자기 나라를 떠나 다른 나라로 이주하는 일을 말합니다. 이민과 이주는 종종 함께 사용되기도 하는데 차이가 있습니다. 이민은 국가의 경계를 넘는 인구 이동인 국제 이주입니다. 반면 이주는 이민보다 넓은 의미로 국외뿐만 아니라 국내에서 거주지를 변경하는 모든 형태의 이동을 가리킵니다.

3 ㉠ '병합'은 둘 이상의 기구나 단체, 나라 따위가 하나로 합쳐지는 것을 뜻합니다.
㉡ '헌병'은 군사 경찰을 의미합니다.
㉢ '독립'은 다른 것에 예속하거나 의존하지 않는 상태로 되는 것을 말합니다.

150 EBS 매일 쉬운 스토리 한국사 ②

VIII
대한민국

24일차 **광복과 분단**

01 우리나라는 어떻게 광복을 맞이했을까?　본문 115쪽

　스토리 씽킹　**1** (1) ○ (2) × (3) × 　**2** (1) – ⓒ (2) – ⓒ (3) – ⓒ

02 한반도는 왜 둘로 나누어졌을까?　본문 117쪽

　스토리 씽킹　**1** (1) × (2) × (3) ○ 　**2** 소혜, 민국　**3** 민주주의

25일차 **대한민국 정부 수립**

01 한반도에 하나의 정부를 세우기 위해 했던 노력은 무엇이 었을까?　본문 119쪽

　스토리 씽킹　**1** (1) 국제 연합 (2) 총선거 (3) 제헌 국회　**2** (1) 반 (2) 반 (3) 찬　**3** (라) – (가) – (다) – (나)

02 대한민국 정부는 어떻게 만들어졌을까?　본문 121쪽

　스토리 씽킹　**1** 윤지　**2** 대한민국이 합법 정부임을 인정　**3** (1) 이승만 (2) 김일성

26일차 **6·25 전쟁**

01 6·25 전쟁은 어떻게 전개되었을까?　본문 123쪽

　스토리 씽킹　**1** 6·25 전쟁　**2** ㉠ 낙동강 ㉡ 인천 상륙 ㉢ 중국군　**3** (라) – (다) – (나) – (가)

02 6·25 전쟁으로 우리나라는 어떻게 되었을까?　본문 125쪽

　스토리 씽킹　**1** (1) × (2) ○ 　**2** (1) 정전 (2) 이산가족　**3** ㉢

27일차 **민주주의의 시련과 발전**

01 4·19 혁명이 남긴 것은 무엇일까?　본문 127쪽

　스토리 씽킹　**1** (1) 이기붕 (2) 4·19 혁명　**2** (다) – (가) – (나) – (라)　**3** 부정 선거 다시 하라, 이승만 정권 물러 가라

02 5·18 민주화 운동과 6월 민주 항쟁은 어떻게 전개되었을 까?　본문 129쪽

　스토리 씽킹　**1** (1) ○ (2) ○ (3) ○ 　**2** (라) – (나) – (다) – (가)　**3** (1) 5 (2) 6 (3) 6

28일차 **경제 성장과 사회·문화의 변화**

01 경제 성장을 위해 펼친 노력은 무엇일까?　본문 131쪽

　스토리 씽킹　**1** (1) 한강의 기적 (2) 베트남 전쟁 (3) 새마을 운동　**2** (1) – ⓒ (2) – ⓒ (3) – ㉠　**3** (마)

02 생활 모습은 어떻게 바뀌었을까?　본문 133쪽

　스토리 씽킹　**1** (1) 대중문화 (2) 케이블　**2** (1) 주택 (2) 교통 (3) 인구 (4) 편의 시설

29일차 **대한민국의 미래와 평화 통일**

01 평화 통일을 위한 노력의 발자취는 어떠했을까?　본문 135쪽

　스토리 씽킹　**1** 자주, 평화, 대단결　**2** 태민, 성욱　**3** ㉠ 김대중 ㉡ 김정일

02 우리나라의 위상은 얼마만큼 높아졌을까?　본문 137쪽

　스토리 씽킹　**1** ㉠　**2** (1) ○ (2) × (3) ○ 　**3** (가)

30일차 | 실전 문제

본문 138~140쪽

1 ⑤	2 ①	3 ④

4 모스크바 3국 외상 회의　　　　5 ①　　　6 ③

7 ④　　　8 인천 상륙 작전　　　9 ③　　10 ⑤

11 ①　　12 ④　　13 ⑤　　14 ①

15 한강의 기적　　16 ②　　17 한류

1 국내에서 활동하던 독립운동가 여운형은 광복이 되자마자 조선 건국 준비 위원회를 만들고 정부 수립을 준비하였습니다.

2 김구는 대한민국 임시 정부를 이끈 인물로 임시 정부가 침체기일 때 한인 애국단을 조직하여 활기를 불어넣었습니다. 이승만은 대한민국 임시 정부 초대 대통령이었지만 탄핵을 받아 대통령직에서 물러나고 외교 활동을 하며 독립운동을 하였습니다. 안중근은 이토 히로부미를 사살한 독립운동가입니다.

3 광복 직후 남쪽에는 미국군이, 북쪽에는 소련군이 주둔하였으며, 지도상의 가상의 선 38도선을 경계로 남북을 구분 지었습니다. ④ 초기에 38도선은 표지만 있을 뿐 남쪽과 북쪽으로 사람들이 오갈 수 있었습니다.

4 모스크바 3국 외상 회의는 한반도의 미래를 논의하기 위해 미국, 소련, 영국 세 나라의 외무 장관이 모인 회의였습니다.

5 1945년 12월 모스크바 3국 외상 회의가 개최되었습니다.

6 모스크바 3국 외상 회의 결정 사항으로 나라가 혼란스러웠을 때 이승만은 남쪽이라도 단독 정부를 세워야 한다고 주장하였습니다.

7 국제 연합은 선거가 가능한 지역(남한)에서 총선거를 실시하라고 결정하였고, 통일 정부를 수립하기 위해 노력하였던 김구, 김규식 등은 이 결정에 반대하여 북한 지도자들을 만나기 위해 평양으로 갔습니다. 그러나 국제 연합의 결정대로 남한만 총선거가 실시되었습니다.

9 북한의 침략으로 시작된 6·25 전쟁은 초반에 국군이 낙동강까지 후퇴하였으나 맥아더를 총사령관으로 하는 국제 연합군과 국군의 인천 상륙 작전으로 전세가 역전되었습니다. 이후 압록강까지 국군과 국제 연합군이 올라갔으나 중국군의 개입으로 다시 밀리는 등 치열한 전쟁이 계속되었습니다. 전쟁은 3년 만에 정전 협정 체결로 멈추게 되었습니다.

10 6·25 전쟁은 인적 피해와 물적 피해를 남긴 전쟁으로, 한민족이 적대감을 갖게 되었습니다. ⑤ 부산은 전쟁 중 남한의 임시 수도였고 전쟁 후 다시 서울이 수도가 되었습니다.

12 (가)는 1987년 6월 민주 항쟁, (나)는 1960년 4·19 혁명, (다)는 1980년 5·18 민주화 운동입니다.

13 5·18 민주화 운동은 전두환 등 일부 군인들이 무력으로 정권을 장악하고 민주주의를 탄압하였기 때문에 일어났습니다.

14 새마을 운동은 도시와 농촌 간의 격차를 줄이고 농촌 생활환경을 개선하기 위해 1970년대에 실시되었습니다.

16 남북한은 통일을 위해 다양한 노력을 해왔습니다. (가) 7·4 남북 공동 성명 발표는 1972년, (나) 제1차 남북 정상 회담은 2000년, (다) 남북 기본 합의서 채택은 1991년에 일어난 일입니다.

어휘 적용하기

본문 141쪽

1 ③　　2 ③　　3 ㉠ 정전 ㉡ 평화

1 ③ '신탁 통치'가 아니라 '식민 통치'가 맞는 표현입니다.

2 ㉠ '광복'은 빼앗긴 주권을 다시 찾는다는 뜻입니다.
㉡ '총선거'는 국회의원 전부를 한꺼번에 선출하는 선거라는 뜻입니다.
㉢ '직선제'는 '직접 선거 제도'를 줄인 말입니다.

3 ㉠ '정전'은 교전 중에 있는 양방이 합의에 따라 일시적으로 전투를 중단하는 일을 말하고, '종전'은 전쟁이 끝나는 것을 말합니다.
㉡ '평화' 통일은 전쟁에 의하지 아니하고 평화적인 방법으로 이루는 통일을 말하고, '무력' 통일은 군사상의 힘으로 분단 국가를 통일하는 것을 말합니다.